軽井沢の歴史と文学

桐山秀樹＋吉村祐美 著

万来舎

本書は、共著者であったノンフィクション作家、故桐山秀樹に捧げる

軽井沢の歴史と文学

目次

編集協力　今井章博
デザイン　マツダオフィス
装丁写真　軽井沢高原文庫

プロローグ

軽井沢という聖地

桐山秀樹

リゾートホテルの「伝説」・万平ホテル

軽井沢の「春」は、毎年二月末から三月後半にかけて、万平ホテルから掛ける予約確認の電話で静かに幕を開ける。

その数、約八〇〇件。同ホテルの総支配人を務める山田敏彦さんがフロント裏にある事務所の電話を取り、顧客一人一人に直接、予約確認の連絡を行うのだ。

前年の滞在を感謝しつつ、今年も何月何日から宿泊予定かと尋ね、希望の部屋を割りふる。毎年予約する顧客は、ほとんどが決まった特定の部屋を自分の家のような感覚で使用して滞在しており、同じ部屋の予約が重ならないよう日程を調整するのが一苦労だという。

一八九四年（明治二七年）に開業した万平ホテルは、軽井沢を代表するクラシックホテルである。

軽井沢といえば「万平ホテル」と指定する顧客が多く、毎年八月のトップシーズンとなると、七、八割が常連客となり、館内のあちこちで顔なじみの顧客同士の会話に花が咲く。

今でも夏の三ヵ月あまりを万平ホテルで滞在して過すという家族も少なくない。

必ず決まった部屋を予約して長期間滞在する家族を軽井沢駅に到着する際、プラットホームまで出迎えるのが、山田総支配人の他、副支配人兼宿泊部長の西川眞司さんら顔なじみのスタッフである。

その他にも万平ホテルのスタッフは、顧客の誕生日や記念日にカードを送り、花を手配するなど、一人一人が親身になって顧客と向き合う。顧客もまたそれを楽しみに、毎年万平ホテルに滞在するのだ。

一人一人のスタッフが顧客と向き合うだけでなく、万平ホテルでは宿泊、婚礼、宴会、セミナーの手配などは、スタッフ全員が担当セクションを越えて手伝う。

宿泊係がレストランでサービスしたり、事務方の人間が結婚式の進行に力を貸す。

こうして、スタッフ一人一人がホテルのあらゆる業務をこなすことで、ホテルマンとして成長していく。

ヨーロッパの伝統ある超高級リゾートホテルには、各客室ごとにバトラー（執事）と呼ばれるベテランのサービス・スタッフがいて、滞在中の様々な世話を焼いてくれる。

まさに「ホテルは人なり」。万平ホテルでは、すでに都心のホテルでは失われつつあるヨーロッパ流の伝統的サービスが、現在も一人一人のスタッフに受け継がれている。

現在でも万平ホテルには、山田総支配人、西川副支配人を始め、ダイニングルームの顔として親しまれていた永井世治さんや夏の夜の社交界となるテラス・バーの名物バーテンダーだった小澤孝道さんなど、顧客に親しまれている「名物スタッフ」が多い。

宿泊中、バーで小澤さんの作るカクテルやスコッチの水割りを飲みながら、ザ・ビートルズのジョン・レノンが滞在した当時のエピソードなどを尋ねるのは、実に興味深い。

ジョン・レノンは、昭和四五年（一九七〇年）頃から毎年のように万平ホテルに滞在し、亡くなる

万平ホテル総支配人を
務める山田敏彦さん。
写真提供：万平ホテル

外国人避暑客に愛された「アルプス館」。デザインは佐久地方の養蚕農家をモデルにしている。　写真提供：万平ホテル

「本場イギリスの味だ」とジョン・レノンがスタッフに教えたロイヤル・ミルクティー。
写真提供：万平ホテル

名物バーテンダーと言われた小澤孝道さん。彼の語るジョン・レノンのエピソードに耳を傾けるファンも多かった。　写真提供：万平ホテル

前年の五四年まで数年間、毎夏をホテルで過した。

宿泊したのは、現在も外国人常連客の利用が多いというアルプス館（昭和一一年建築）の二階一二八号室である。ジョン・レノンが滞在した部屋だとは特に宣伝していないため、チェック・イン時に教えられて驚く客もいる。また、音楽関係者の中には、手を合わせて拝んでから入室する人も少なくないという。

二階一二八号室の窓からは、万平ホテル前庭の深い緑の森が一面に広がっている。この「風景」をジョン・レノンは「故郷のリバプールに似ている」と言って喜んだという。

滞在中、レノンはまだ幼かった息子のショーン・レノンを連れ、軽井沢銀座のフレンチ・ベーカリーで購入した焼き立てのパンを自転車のカゴに入れて戻ってきた。

当時はバーの中にあった大正一一年製のヤマハのアップライト・ピアノを気に入り「譲ってくれないか」と頼んだり、「そのうち価値が出ると思うよ」と言ってサイン入りのレコードや愛用のメガネをホテルに残した。またカフェ・テラスのスタッフに、本場のロイヤル・ミルクティーの作り方も伝授し、現在もテラス席の「名物」として、受け継がれている。

その他、天然水を使った極上のフラッペや昔ながらのしっとりとしたカスタード・プリン、松の実タルト、季節の果物が透明なポットにたっぷりと入り、夏はアイスで、秋はホットで味わえるフルーツティーなど、伝統のメニューが、現在でも味わえる。

古き良き軽井沢を偲ばせる貴重な「歴史的空間」であるダイニングルームでは、四〇年前にアラカルト・メニューとして避暑客に人気のあった「才巻海老とクレソンのシフォナード、イチゴドレッシング」を始め、「千曲川の清流で育った紅鱒のムニエル万平スタイル」や「仔牛胸腺肉のパン粉付け焼き」といった極上の定番料理や復刻メニューが味わえる。

万平ホテルには、かつての賓客たちが愛した人気料理のレシピが沢山残されている。これから復刻していきたいのは、このホテルに滞在した数多くの作家や文豪たちが愛した「文士の愛したメニュー」である。

戦後、万平ホテルに毎夏滞在する先陣を切ったのは、作家達だった。この地が作家達の「創作の舞台」となった歴史とそれを育む自然と風土については、吉村祐美の章で詳しく触れるが、万平ホテルには、作家の三島由紀夫が昭和三〇年（一九五五年）に二泊三日し、二年後に高原のホテルを舞台とした代表作のひとつ「美徳のよろめき」を発表している。

軽井沢には、定住している正宗白鳥や室生犀星らの他に、別荘を所有する吉川英治、川端康成、野村胡堂、古屋信子、円地文子ら錚々たる作家群がおり、別荘を持たない作家は万平ホテルを始めとするリゾートホテルやつるやなどの旅館に滞在した。

夏、冷涼な軽井沢では作家達の執筆もはかどり、昭和三〇年以降は、軽井沢在住の作家達を集めた「文壇ゴルフ大会」も催された。

万平ホテルのメイン・ダイニングでは、初日終了後に表彰式とパーティが開かれ、すき焼きを囲んでの集いが夜遅くまで開かれた。

また、堀辰雄の「風立ちぬ」などの文学作品の舞台となった軽井沢への雑誌特集が毎年のように組まれ、万平ホテルのテラスでスグリ（グリズリー）のシャーベットを食べるのが一種のファッションとなった時代もあった。

一方、作家の中には夏の賑わいをあえて避け、避暑客の姿が途絶えた年末の軽井沢の静けさを好んで訪れた人もいた。食通として知られる池波正太郎もその一人で、テラス席の隅に陣取り、楽し気に滞在する姿が写真に収められている。

池波が愛したダイニングルームでの洋風朝食の味も今だに健在である。

テラス席で供されるコップの水も、万平ホテルの裏手にある桜の沢水を一度プールし、自然のままの状態で飲み水として使用されている。

コップいっぱいの水を飲んでも、そこには軽井沢という標高九三〇メートル前後の高原を取り巻く、美しい自然の息吹きや渓流のせせらぎによって醸し出される天然のミネラルの香りもほのかに感じさせられる。

テラスで出される一杯の水にも、他の避暑地と、一味も二味も違う奥深さと瑞々しさを現在も残しているところが、軽井沢の「聖地」たる所以だ。

軽井沢のランドマークとなっている万平ホテルの本館建築は、昭和一一年（一九三六年）に久米権九郎が設計したもので、玄関を入ると太い丸太を使ったロビーがあり、大きな暖炉に伝統の火が赤々と燃えている。

食堂廊下側に配されたステンドグラスには浅間山を中心とする軽井沢宿の風景がノスタルジックに描かれ、かつて「亀屋」という旧道の旅籠だった時代を偲ばせている。

こうした「貴重な空間」が現在も当時そのまま残り、しかも現在も利用され続けている所に、「リゾートの聖地」、軽井沢の「原点」がある。

テニスとゴルフの「天国」

軽井沢は、テニス、ゴルフ、スケートなど、日本のスポーツ文化の発祥地であり、現在も「聖地」であり続けている。

日本にテニスが導入されたのは、明治一一年（一八七八年）、横浜においてだが、その後、明治二七年に、アレキサンダー・クロフト・ショーが外国人避暑客として軽井沢に別荘を開設。内外の知人にこれを話し、二二年に三十余人の外国人避暑客がやってくると、明治二七年（一八九四年）頃には旧軽井沢のつるや旅館の裏に三軒の別荘が建てられた。この庭前に蚕箔で囲ったテニスコートが作られた。これが軽井沢におけるテニスの始まりで、その二年前の明治二五年（一八九二年）頃から外国人避暑客によって、テニスが興じられたと言われている。

その後、明治四一年（一九〇八年）に軽井沢運動会の結成と共に、八面のテニスコートが造成され、旧細川邸や旧朝吹邸のように広い別荘地では、個人でテニスコートを所有するケースも増えた。

昭和五二年（一九七七年）には、別荘所有者を除いて、四八七面のテニスコートが軽井沢町内にあったといわれる。

しかし、軽井沢にテニスブームを作ったきっかけとなったのは、昭和三二年（一九五七年）に行われた当時の皇太子殿下（現天皇）と正田美智子様（現皇后）の旧軽井沢における軽井沢会テニスコートでの出会い、いわゆる「テニスコートのロマンス」である。

この出来事がきっかけとなって、国民の間に「軽井沢」の名前が知れわたり、軽井沢会のテニスコートは、テニスの「聖地」となった。

現在も軽井沢会のテニスコートは、よく整備された状況で、旧軽井沢の中心部にある。昭和五年（一九三〇年）に御木本隆三がW・M・ヴォーリズ設計でシックな木造倶楽部ハウスを建設、当時の軽井沢避暑団に寄附した。丸太作りのログキャビン風の外観で夏から秋の間、白球のはずむ音を澄んだ青空に響かせている。

一方のゴルフは、大正八年（一九一九年）に、横浜の貿易商だった野沢源次郎が、長尾原と呼ばれる離山麓にゴルフ場（旧ゴルフ場）を開設したのが始まりである。

元牧場として使用されていた約六万坪の土地に9ホール（現12ホール）を造成したこの旧ゴルフ場は、関東甲信地区では、箱根の仙石原ゴルフ場に次いで古いゴルフ場だった。

更に、昭和五年（一九三〇年）に財団法人南ヶ丘会が組織され、約三六万坪の広さを誇る「新ゴルフ場」（18ホール）が造られた。その後、南軽井沢ゴルフ場、晴山ホテルゴルフ場、72ゴルフ場などが相次いでオープンし、昭和五〇年代には、軽井沢のゴルフ場は、147ホールにも達し「全国有数のゴルフ王国」となり、ゴルファーの「聖地」となった。

軽井沢にテニスやゴルフの「聖地」が誕生した背景には、明治時代から外国人避暑地として賑わった歴史と伝統に加え、一帯が浅間山から噴出した火山礫や火山灰に覆われ、地下に軽石膏が堆積した地質的要因も大きい。

すなわち、夏には深い森の緑をつくる相当量の降水があるが、すぐに地下に浸透するため、テニスやゴルフなどのプレーがすぐに再開できる。そして、最も大きな魅力は、夏の冷涼さで、森の中でのテニスやゴルフを心行くまで楽しむことが出来る。

現在でも、「リゾートホテルの聖地」たる万平ホテルから、「軽井沢会テニスコート」、そしていわゆる「軽井沢銀座」の商店街へと至るテニスコート通り一帯は、テニスウェアを着た別荘族が、軽井沢会のコートでのテニス帰りにそぞろ歩くのに、最も似合うファッショナブルな通りである。

現在、軽井沢産の材料を使った手作りジャムで親しまれている「沢屋」はかつてそのテニスコート通りに面した青果商だった。

「その店先で売っていた手作りジャムが、いつしか評判となり、現在の自然食ジャムの仕事に発展していった。ルバーブを始めとする軽井沢産の果物や洋野菜も店頭に並んでいた。ちょっとオシャレな雰囲気の八百屋でした」と㈱沢屋・代表取締役の古越道夫さんは語る。

当時は、テニス帰りに別荘族が沢屋の店の軒先をのぞき、欲しい野菜や果物を選んでは各別荘に後から配達させた。その配達を行ったのが、古越さんらの役割だ。現在、創業地に建つ旧軽井沢店の他、直営工場を含め、軽井沢町内に五店舗と直営レストランまで経営するようになった沢屋だが、今でも古越さんの許には、当時からの別荘族が訪ねてくるという。

更にその先には、テニスコート通りに五〇年以上の歴史を持つ鶏料理の老舗、「わかどり」がある。席数二〇席余りの小さな店だが店主が自ら考案したという特製の調理器具で地鶏を高温で蒸し焼きにするため、入った客の注文は一回限り。しかも食べ終わったら、一回ごとに客が総入れ替えするという独特のシステムの店である。

しかし、夏の間はテニス帰りの別荘族で連日、一時間待ち、二時間待ちという行列の出来る人気店である。そして、時には皇族方の借り切りもあるという名物店だ。

夏の間、長期滞在した以前の別荘族は、滞在中、外食する機会はむしろ少なく、別荘での手作り料理を基本とした。今でこそ、フレンチからイタリアン、ピザ専門店などレストランが増えた軽井沢だが、二代、三代とこの地に別荘を持ち続ける本当の軽井沢族こそ、むしろ生活は質素だ。そうした人々に愛され続けたのが「わかどり」のような肩のこらない「老舗」なのである。

名教会の「プロムナード」

そして軽井沢は、何よりもキリスト教信仰の「聖地」である。

軽井沢会テニスコートの反対側にある、切妻屋根の素朴な教会、「ユニオン・チャーチ」。明治三〇年（一八九七年）、D・ノーマンらによって創立された外国人のための超教派の教会で、碓氷峠をアプト鉄道化する際、英国から招いた鉄道技師らのクラブハウスを移築し、大正七年（一九一八年）に、W・M・ヴォーリズによって改築された。

三〇〇人以上を収容できる大きな建物のため、礼拝や宣教師集会のみならず、避暑客のための音楽会も催され、「オーディトリアム」（大型会堂）と呼ばれ、旧軽井沢のランドマークとなった。

そして、軽井沢銀座の最奥の森の中に、現在もひっそりと佇むのが、「軽井沢の御父」とも呼ばれるカナダ・トロント生まれの宣教師、アレキサンダー・クロフト・ショーによって創設された軽井沢で最初の教会、「日本聖公会軽井沢ショー記念礼拝堂」である。

ショーは、近くの大塚山に別荘を建てる前に、中仙道に面した民家に滞在し、礼拝堂として使用した。

明治二八年（一八九五年）、ピカステス主教により、献堂式が行われ、明治三五年、ショーの後を継いだJ・G・ウォーラー司祭によって増改築され、その後、大正末に現在のスタイルとなった。木造平屋建てながら、西洋風の教会となるよう細かな意匠に工夫をこらしたこの質素な教会こそが、「軽井沢発祥の地」である。

そして、旧軽銀座から一本東側の道、通称「水車の道」に、昭和一〇年（一九三五年）英国人ワード神父によって設立された、アントニン・レイモンド設計の「聖パウロカトリック軽井沢教会」だ。

西欧の都市では、いずれも街の中心部に大聖堂や教会が聳え立つ。軽井沢も人口僅か一万九〇〇〇人余りの地方都市だが、街の中心部にこうした教会の名建築が点在している。その風景はまさに西欧の街である。買物客で賑わう軽井沢銀座にも日本人キリスト教徒のための教会「日本基督教団軽井沢教会」がある。

明治三八年（一九〇五年）にD・ノーマンらによって創立され、明治四五年（一九一二年）、W・M・ヴォーリズの設計で現在の会堂が建立された。当時は、旧中仙道沿いに位置していたが、昭和四年（一九二九年）現在の位置に再築された。縦ストライプのハーフティンバー風の壁が印象的な教会だ。この他にも軽井沢には、離山山麓や南軽井沢の森の中に、美しい教会が点在しており、人々の厚い信仰に支えられ、維持されている。A・C・ショーを始めとするキリスト教の宣教師によって拓かれた軽井沢は、まさに「キリスト教信仰の聖地」でもあるのだ。

軽井沢は、平成二三年（二〇一一年）、夏のリゾートとして「一二五周年」という節目の年を迎えた。明治の昔、外国人宣教師たちが夏のひととき東京、横浜、神戸という都会から集まってきて「宣教師ヴィレッジ」としての「原型」が生まれた。

その地層の上に、その後の日本人貴族、皇族、政財界人を中心とする「超高級リゾート」の歴史が幾重にも積み重なり、テニス、ゴルフ、スケート等、リゾートの大衆化によって、旧軽井沢を中心に、南軽井沢、中軽井沢、追分と拡がっていき、とうとう県境を越えて群馬県側の北軽井沢へと拡がっていった。

現在は、大規模なアウトレットの街として高原のショッピング・タウンとしての色彩も強くなったが、やはり軽井沢の原点は、明治以来、脈々と受け継がれてきた避暑地、別荘地、そして信仰の地としての歴史と伝統にある。この類い稀な「聖地」が、どのようにして形成され、豊潤なワインの如く熟成されていったのか。まずは明治の昔へとタイムスリップしてみることにしよう。

I

軽井沢・避暑地の伝統と文化

桐山秀樹

第一章

人はなぜ、軽井沢に集まるのか

神秘の国、日本への外国人旅行

徳川幕府の二五六年の鎖国（対外貿易禁止令）の時代、日本という国は、長崎の出島に入るオランダ人を除き、世界の人々がまだ訪れたことのない「黄金の国」にして「神秘の島」であった。

それが一八五八年（安政元年）の日米和親条約の締結、一八六七年（慶応三年）の徳川慶喜による大政奉還と王政復古、翌年の明治元年の五箇条の御誓文と同時に世界に向かって開かれ、先進国から文明や技術を学ぶための「お雇い外国人」が次々と招聘された。

当初、外国人達は横浜、神戸、長崎、函館といった限られた外国人居留地区にしか滞在できなかった。だがやがて、日本国内の旅行が順次許されるようになり、冒険心や野心に富む外国人達が国内各地に旅行に出かけるようになった。

その旅行には、現在の外国人旅行同様に、案内するガイドや宿泊する国際ホテル、洋風の食事などが必要不可欠であった。そして、彼ら外国人達の求めに応じる形で、時代を先取りしようとする各地の旅館や旅籠の主人達が、ホテルという新しい宿泊形態を発展させていった。

日本各地の旅行に訪れた外国人の、最初の世代の人物で知られているのが、一八五九年（安政六年）に日本にやってきたジェームス・C・ヘップバーンである。彼は、ニューヨークで病院長を務めた経歴を持ち、キリスト教の伝道を目的に日本にやってきた。

医学に通じた彼は、神奈川奉行所や運上所で役人達の治療にあたるかたわら、達者な語学を生かして「和英語林集成」という英語辞典も編纂し、後にヘボン式ローマ字と呼ばれた表記法を考案した。ヘボンというのは、ヘップバーンが当時の日本人には正確に発音できなかったため、ヘボンとなった。

このヘボン博士が、一八七一年（明治四年）に訪れたのが、日光である。その際、ヘボンを自宅に泊めた金谷善一郎が、後に「日光・金谷ホテル」の前身となる「金谷カテージ・イン」を開業した。一八七八年（明治一一年）に、日光から東北地方、北海道各地を回った英国の女性旅行者、イザベラ・バードも、この「金谷カテージ・イン」に宿泊している。

少し遅れて来日したのが、ドイツ人のエルヴィン・フォン・ベルツである。一八七六年（明治九年）に来日したベルツは、そのまま滞在を伸ばし、東京大学医学部で二六年間も教え、「近代日本医学の父」と呼ばれた。

彼は箱根を旅行した際、宿の女中があかぎれに悩んでいたのを見て、「ベルツ水」と呼ばれる化粧薬を考案。日本文化を深く愛して、日本の妻をめとった。退職後は、宮内省侍医となり、明治、大正天皇の健康管理にも尽力した。

ベルツが健康管理療法の一つとして注目したのが日本の温泉である。彼は故郷ドイツの温泉地ビューティハイムのように、広大な森に囲まれた総合的な温泉保養地を日本にも作るべきだと説いた。その候補地として挙げたのが、群馬県の草津温泉であった。

明治初期、日本政府が各国から招聘した「お雇い外国人」は、三三六〇人にのぼり、民間でも二四四〇人が訪れた。

彼らは政府機関、大学、研究所、民間企業に招かれ、ヨーロッパやアメリカの先進技術とその背後にある精神を日本人に伝えようとした。日本人にとっても長い封建時代の束縛から開放され、新しい社会の変革を求めていた。そうした気運も手伝って、彼らは訪れた外国人達を厚遇し、尊敬した。こうした文明開化のムーブメントが、お雇い外国人の日本旅行によって各地にもたらされることになるのである。

すなわち西洋式のリゾートホテルは日光でヘボンが、温泉療法は草津でベルツが開発した。少し遅れてやってきた英国人のウォルター・ウェストンは、一八八八年（明治二一年）に伝道のため日本を訪れ、富士山、白根山、阿蘇山、浅間山、槍ヶ岳、木曽駒ヶ岳、乗鞍山、立山、北岳といった山々を次々と登攀。「日本アルプス」の名を世界に広めて、日本の近代登山の父と呼ばれるようになった。

さて、その少し前、カナダから訪れた宣教師と英国人の大学教授が、活火山の麓に広がる高原にひっそりと佇む小さな村を見つけた。これが約一三〇年余に及ぶ歴史を持つ「避暑地・軽井沢」の始まりであり、日本の別荘地文化の幕開けとなったのである。

自然を媒介とした緊密なるコミュニティ

軽井沢は、長野県東部、群馬県との境にある浅間山麓に広がる標高一〇〇〇メートル前後の美しい自然に恵まれた高原である。

現在もなお噴煙を上げる標高二五六八メートルの活火山、浅間山とそのカルデラを成す雄大な山岳風景、点在する湖沼や滝などの自然、森の中に静かに佇む数多くの別荘地、深緑色の見事なグリーンを持つゴルフ場、周辺ののどかな山村――等々といった数多くの「美しい高原風景」がこの地にはある。この地を愛し、別荘や居を構えた外国人宣教師、旧貴族、外交官、財界人、作家、画家などを魅了したその見事な自然のパノラマは今もなお、健在である。

軽井沢にはなぜ、多くの人々が集まるのか。

それは何よりもまず、澄み切った高原の冷涼な空気と深い森が織りなす四季折々の風景が、人々を魅了してきたからに他ならない。

そして満天の星が輝く夜の闇、野鳥達の鳴き声、清冽なせせらぎの音、足許で踏みしめる落葉の感触、家々の暖炉に灯す薪の煙といった自然の中での暮しが、都市生活に疲れた人たちを癒すからである。

軽井沢では現在も町条例によって、こうした自然環境を守るため、コンビニやガソリン・スタンドの深夜営業は禁止されている。深夜営業のスナックやパチンコ店も中心部にはない。

その保護された自然の中で、人々は日々の生産活動から離れ、ストレスを解消する。そして、自然の中で自分自身の生き方に還ることを願うのだ。「リゾート」の語源とされるものに、リ・ソート、すなわち一度並べられたものを整理し直すという意味がある。

まさしく、身体と心を清涼な高原で整理し直すために人はこの地を訪れるのであった。軽井沢の原点とは、まず何よりも自然の中の「健康保養地」としての顔にある。

その素晴らしさは、現在もほとんど失われていない。筆者は軽井沢に住みだして一〇年以上になっていた。軽井沢は四季それぞれの美しさを見せるが、とりわけ長い冬の季節を過ぎた五月から六月頃にかけての新緑のみずみずしさは、極上の一語に尽きる。

軽井沢の町木であるコブシの白い花が、萌え出した緑の森に映える五月から六月にかけては避暑客も少なく、高原が一年でも最も美しく輝く季節である。

七月の声を聞くと森の緑が濃くなる。夏は、避暑客や観光客が増え、大学や小中学校も夏休みに入って、別荘地としての軽井沢が最も賑わう季節となる。

軽井沢は、本州のほぼ中央に位置し、海から最も遠い地域にあり、日本では珍しい大陸性気候である。すなわち昼間は気温が高くとも、朝夕は冷え込むことが多い。このため高い周囲の山や清流沿いのハイキングなどは実に爽やかとなる。

しかし、軽井沢の夏は短い。暑さも盛りを過ぎ、九月に入ると、急に人出が少なくなる。初秋は静けさと落ち着きを取り戻す季節となり、九月半ばには、木々が色づき始め、一〇月中旬ごろに紅葉の最盛期を迎える。

深紅に色づくカエデや、黄色いカバ類に混り、モミなどの常緑樹が入り混じり中世のタペストリーを思わせる見事な紅葉風景が至る所で見られる。

一一月の晩秋を過ぎた頃のカラマツの黄葉も、いぶし銀のように美しい。晩秋には空気の澄み切った秋晴れの日も多く、遠くの山々の眺望が楽しめる。

そして、木々の葉が落葉し、浅間山に冠雪が見られる頃から、長い冬の始まりとなる。

だが、雪化粧した木々や別荘などが、抜けるように青い空と相俟って、冬独特の美しさを満喫させてくれる。

「娯楽を人に求めずして自然に求めよ」

初期の英国人宣教師、カナダ人たちが産業革命の進んだビクトリア朝時代の英国から持ち込んだ「健康保養地」としての原点は、旧軽井沢を中心に現在でも色濃く受け継がれている。

それを守り続けるのが、軽井沢の素晴らしい文化である。

だが、軽井沢の魅力はそれだけではない。それは「娯楽を自然に求めずして、友人に求めよ」、すなわち、人と人との交流である。

軽井沢には、こうした健康保養的な自然を愛し、それを大切に守りたいと考える人々が集まる。その人々が、毎夏のわずかな期間でも触れ合い、語り合う。あるいは、テニスやゴルフなどのスポーツや周囲の別荘地の散策などを通じて家族ぐるみで交流を深める。時には、森の中のしゃれたカフェやリゾートホテルでお茶を飲み、レストランで食事をする。また、気の合った仲間同士で、別荘の庭でガーデン・パーティを楽しむのである。

軽井沢はそんな友人との「思い出づくり」の場所でもある。

都会では不可能な隣人相互の親密な人間関係がここ軽井沢の森の中では可能である。

互いに忙しく、家を訪問する暇もない都会生活とは異なり、軽井沢では隣り合った別荘同士で気兼ねなく行き来できる。

昨今ではそうした、古き良き伝統を守らない別荘族も増えている。しかし、軽井沢、特に旧軽井沢の別荘族の間ではまだ、塀は作らないのが常識である。浅間山の噴石である浅間石を積み上げたものが別荘の境界となっており、欧米の高級住宅同様に外から敷地内が見えるようにしてあるのだ。学者の別荘が多い南原の別荘地などでは、午前中は各家の主人が研究や執筆に打ち込むため子弟達は遊戯禁止となり、敷地内の中央にある集会場で集まって勉学する、その地域ならではの不文律が今も守られている。

早朝のテニス、ゴルフ、ハイキングに翌朝早くから参加するため、夜は早目に切り上げて健康的な生活を行う。

これが伝統的な軽井沢の別荘族ライフである。

後に共著者の吉村が触れる作家同士の深い人間交流、財界、学界、芸術界等々と様々な分野でのコミュニティが軽井沢での人間関係から生まれた。こうした豊かな自然を愛する人々が、軽井沢という美しい風土を媒介として集う。その積み上げられた歴史が、避暑地・軽井沢の文化史なのである。

それは、この地で様々な思索と感性を巡らせた人々が創り上げた高原のロマンである。そのロマンは、今なお軽井沢特有の白く濃い霧となって、深い森の中を静かに漂っている。

霧の深い日の朝など、旧軽井沢の町中を散策すると、かつてカナダ人や英国人の宣教師の家族が滞在している風景がセピア色の風景の中に浮かび上がるような気がする。

ことにかつて外国人宣教師達の野外演劇の会場となっていた諏訪神社から、ショー記念礼拝堂一帯を歩くと、そうした歴史の風景が眼前に甦ってくる。

軽井沢に人々が集まるもうひとつの理由は、ここが田舎ではなく森の中の「都会」だということである。

夏以外は、人口約二万人の町だが、かつての夏の最盛期には人口約三〇万人、ひと夏では約八〇〇万人もの人々がこの高原へと集まってくる。

俗に「東京24区」と揶揄されるほど、大勢の人々でごった返し、レストランやカフェに長蛇の列ができる。

その一方で毎年通う熱心な別荘族に支持され、独特のサービスやメニューを特徴とする老舗も多い。

例えば旧軽井沢の「浅野屋」と「フレンチベーカリー」という二軒の老舗ベーカリーが朝七時から焼き立てのフランスパンを販売する。これを目当てに別荘から車を飛ばして来る別荘族も多い。また南軽井沢の押立茶房のように夏期のみ、ゴルファーや散策客向けに早朝からモーニングサービスを行う店もある。

東京にもない規模の大型スーパー「つるや」も夏の間は別荘族や地元客で大混雑する。

ところが、そうした「都会としての軽井沢」は、夏の一瞬に生まれ、そして九月の声を聞くとまるで蜃気楼のように消えて行く。しかし、その森の中の一瞬の賑わいを求めて、多くの人が軽井沢を訪れるのである。

そのロマン溢れる避暑地・軽井沢は、いかにして生まれてきたのだろうか。

まずは、夏になると旧軽井沢一帯にたち込める白い霧の中に、そのロマンの源泉を訪ねてみることにしよう。

ショー以前の軽井沢の歴史

避暑地・軽井沢の扉は、一八八六年（明治一九年）の春、静かに開かれた。

この年が軽井沢の新しい時代の始まりとされているのは、カナダ出身の英国国教会の宣教師アレキサンダー・クロフト・ショーと、彼の友人で英国人のジェームス・メイン・ディクソンが、徒歩旅行で軽井沢を訪れ、旧中仙道の軽井沢宿に宿を取ったためである。

かつては、明治一八年の夏に訪れたという説があった。

だが建築史家の宍戸實はその著書『軽井沢別荘史――避暑地百年の歩み』(住まいの図書館出版局刊)の中で、ショー一家が明治一七年から家族と共にロンドン、トロントで休暇を過し、明治一八年九月一三日にサンフランシスコを出航して、一〇月三日に横浜に到着したという事実を紹介している。

つまり、ショーは以前の定説だった明治一八年には日本にはおらず、軽井沢を訪れたのは明治一九年だというのである。

そのため現在では明治一九年説が有力となっている。

明治一九年の夏にショーとディクソンが軽井沢に滞在していたことは、旅館の滞在記録からはっきりしている。この年の春に二人が相前後して軽井沢を訪れ、夏の避暑に最適の場所だと知って、翌夏に再び軽井沢を訪れたものとみられる。このため、明治一九年が「軽井沢の避暑地元年」となったわけである。

二人の来訪前後の軽井沢は、果してどんな状態にあったのだろう。

万平ホテルが編集した『万平ホテル物語――軽井沢とともに一〇〇年』(万平ホテル刊)によると、軽井沢は明治維新後、中仙道の難所である碓氷峠の入出口にある街道沿いの宿場町として、一定の往来が行われていたようである。

当時、浅間山の麓には、軽井沢宿、沓掛宿、追分宿という、浅間三宿と呼ばれる中仙道の宿場町が一里（約四キロ）ごとに置かれていた。

最も賑わったのは、越後方面へと向う北国街道と中仙道の接点にあたる追分宿で、善光寺へ向う参道客などもあり、宿屋や食事処が繁盛していた。

一方、軽井沢宿は、中仙道屈指の難所である碓氷峠の信濃側の入口にあたる宿場町であった。多くの旅人が、明るいうちに山中の道を通行するため、前日、軽井沢宿で宿をとることになった。健脚な旅人や急ぎの用の場合は、朝、追分宿を出て、軽井沢宿で昼食を取り、水などを補給してから一気に碓氷峠を下り、山麓の横川宿で宿泊したようである。

また、江戸方面からは碓氷峠の難所を越えた最初の宿場町となるため、旅人が山道の疲れをとるために多く宿泊していた。横川側から登りに登り、追いはぎなどの危険の多い碓氷峠を日中に抜けて、夕刻、軽井沢宿へと下ってきた。こうして碓氷峠の往来を前提として古くから栄えてきたのが、軽井沢という宿場町であった。

ところが明治一七年五月二二日に碓氷新国道（現在の旧道）が開通する頃から、軽井沢は急速にさびれはじめた。

同年六月二五日には、上野―高崎間に日本鉄道（高崎線）が延伸する。更に翌明治一八年一〇月一五日には、高崎―横川間に鉄道（信越線）もつながるなど、交通機関の急激な変化が軽井沢宿に大きな変化をもたらしたのだ。

時の新政府が明治初め、中仙道を中心にこうした整備を行ったのは、太平洋側と日本海側を結ぶ大動脈を確保するためであった。

その結果、碓氷峠越えの旅人はほとんど途絶え、大半が新国道を利用することになった。旅館や茶店などは競って、現在の新軽井沢へと移転していった。後に残ったのは「往還には雑草がはびこり、きりぎりすがすだいた」状態だったと『軽井沢今昔物語』の中で、佐藤孝一は書いている。

そのため当時の軽井沢はまさに「かくれ里」ともいえる状態であった。

軽井沢の南ヶ丘に別荘を持って過ごした白洲正子は、随筆『かくれ里』（講談社学芸文庫）の中で「かくれ里」についてこう記している。

「秘境と呼ぶほど人里離れた山奥ではなく、ほんのちょっと街道筋からそれた所に、今でも『かくれ里』の名にふさわしいような、ひっそりとした真空地帯があり、そういう所を歩くのが、私は好きなのである。近頃のように道路が完備すると、旧街道ぞいの古い社やお寺は忘れられ、昔は賑やかだった宿場などもさびれて行く」

まさにショーとディクソンが訪れた当時の軽井沢は、この「かくれ里」にならんとする信州の寒村であった。

今でこそ、深い森に囲まれているが、明治時代初期、軽井沢は、周囲の山々に森林がなく、一面の草原であった。

冬の厳しい寒さと昼夜の寒暖の激しさのため、作物も育たず、「五穀生ぜず」と古書にも記せられた。

その荒涼とした風景はまさに「荒野」と呼ぶに相応しかった。

ところが冬の厳しく長い分、春から夏、秋にかけて森が緑で一面に色づき、草花が美しく咲き乱れる。

ショーとディクソンが初めて軽井沢を訪れた頃の軽井沢はこんな状態で、二人はそのまま日本海へと抜ける旅行を計画していたが、途中で軽井沢に立ち寄りその美しい風景が気に入った。そこでしばらく滞在し、避暑生活を始めるのである。

当時の二人の旅行ルートをもう一度再現してみよう。

もし二人の軽井沢訪問を明治一九年春とするなら、彼らは横川まで敷設されたばかりの鉄道に乗り、まず碓氷峠の入口に出たと想像される。

そこからのルートには諸説あるが、ショーの三男ロナルドの残した記録によると、二人は横川から山中の小路を辿り、軽井沢の南の入口である和美峠から軽井沢に入ったようだ。

和美峠は、当時、女街道とも呼ばれ、群馬県の下仁田から軽井沢の借宿に抜ける古くからの街道の通る峠道であった
そこから二人が歩いたとされるルートは、和美峠から押立山の脇を抜けて、現在のプリンスホテルのある矢ヶ崎山の山裾を縫うように歩く行程である。

そして碓氷峠の新道を経て、軽井沢宿に入ったと想像される。

ショーとディクソンの二人が山沿いの道を歩いたのは、当時、地方では珍しい外国人の旅行であったためだ。

日本人との無用な摩擦を避けるため、彼らはわざわざ往来の少ない和美峠ルートを歩き、軽井沢宿へと入ったのではないか。

当時、碓氷峠下の横川宿には、関東への出入りをチェックする関所も置かれていた。当時、長い鎖国から外国人に門戸を開いた明治政府だったが、外国人が勝手に国内旅行をすることは歓迎しておらず、住いは居留地と定めた地域に限られていた。

そのため旅行する場合は、外務省が発行した「旅行免状」を携帯させ、宿泊先からこれを警察の管轄署に届けねばならず、この制度は一八九九年（明治三二年）の条約改正時まで続けられた。

そこでショーとディクソンの二人は、当時、日本海方面に抜ける旅行を計画しており、通行量の多い碓氷峠をあえて避けたのだろう。

「かくれ里」、軽井沢

しかし、その結果、二人の外国人は和美峠から眺める浅間山カルデラの素晴らしい自然を発見することになる。それは中仙道を急ぎ足で通過する日本の旅人には、ほとんど知られていなかった風景だった。

現在の軽井沢インターからプリンス通りを経て、ザ・グランドプリンス軽井沢の敷地内にある矢ヶ崎山の山裾を縫いながら歩く山道である。

二人が感動したのは、浅間山の雄大な眺めに加えて、途中の南軽井沢一帯の大部分が沼と草花の多い湿原で、多くの花が咲き誇る見事な湿原であったためと思われる。

高原の原野と周囲の草山、その遥か向うに聳え立つ噴煙を上げる浅間山の雄大な山容という牧歌的で西欧的な美しさは、西洋人である彼らの心を強く打った。

ショーとディクソンは、それまでの関東平野の田園風景とは異なり、ディクソンの故郷、スコットランドやショーの先祖の地、英国を思わせる西欧的絵画風景に魅せられた。

まさにそこは、日本の中の「西洋」であった。

二人は新軽井沢の旅籠や茶店の賑わいを避けるようにして、さびれた軽井沢宿に宿をとった。ディクソンは従来のルートである碓氷峠から軽井沢に入ったという説もあるが、これは、ディクソンが明治政府が招聘した大学教授という正式な肩書きを持っていたためかもしれない。

一方、ショーは、英国国教会の宣教師であり、旅行というより、地方への布教に訪れたと受け取られかねない。そんなことから、ショーとディクソンは連れ立って出掛けたことが想像されるのだ。

碓氷峠から軽井沢宿に入った当時の二人のルートの雰囲気を、今でも色濃く残している場所が旧軽井沢にある。

釜の沢と呼ばれる別荘地から太陽の森と名づけられた別荘地の入口に至る一帯である。桜の沢の万平ホテルから、諏訪の森と呼ばれる諏訪神社の社叢を抜け、現在、軽井沢銀座と呼ばれる旧宿場町へと至る静かな林間の道だ。

私も軽井沢にいるときにはよくこの辺りを散策するのだが、山の斜面に建つ大小の別荘を眺めながら、道が自然のアップダウンを繰り返す。

道の両側には現在の軽井沢では珍しくなった別荘が建たない深い森もある。それでいて人の住む気配も漂い、「山里」といった雰囲気の場所である。

やがて諏訪の森に入ると、村の風情が一層色濃く漂う。巨樹の聳える諏訪神社の森には、この一帯を古くから開拓してきた人々の生活の歴史も偲ばれる。

そして当日二人が泊まった宿が当時の「亀屋」と呼ばれていた軽井沢宿の宿場町の旅籠だった。これが後に万平ホテルとなった。

「亀屋」への二人の宿泊も、以前は偶然であったとされていた。だが、前出の『万平ホテル物語』によると、その五年ほど前から明治政府の招きで維新後に日本を訪れた「お雇い外国人」達の間で「亀屋」という名前は既に知られていたという。

その推奨役になったのが、後の駐日公使で英国公使館に勤務していたアーネスト・メンスン・サトウであった。

サトウは明治維新時代に英国公使館の通訳として活躍した人物で、一度帰国後、明治三年に再来日し、達者な日本語を生かして、友人の外国人達と日本各地を探索した。彼は著作も多く残しており、ドイツのボン大学教授のヨハネス・ユスタス・ラインや日本の地質学の生みの親とされるジョン・ミルンなどの応援を得て、友人の英国海軍退役士官アルバート・ジョージ・シドニー・ホースと共に『中部・北部日本旅行案内』という英文のガイドブックを明治一四年に出版している。

こうして当時、日本に滞在したお雇い外国人達は、サトウらが著したこの詳細な旅行案内を頼りに日本各地を旅行することになったのである。

アーネスト・サトウの旅行案内によると、軽井沢の項は「碓氷峠の頂上（四〇五〇フィート＝約一二一五メートル）には、数軒の家と熊野権現がある。そこから素晴らしい広大な景色を眺めることができる。道のかたわらに立つ道標が、信濃と上野の境になっており、峠からわずか七八〇フィート（約二三四メートル）下ると軽井沢（旅館・つちや、亀屋）である」と記されている。

そして、サトウは、既に軽井沢が夏の東京から逃れる絶好の避暑地であることも解説し、代表的な旅館として、「亀屋」の名前を挙げている。

サトウは、同書を執筆する以前にも何度か軽井沢を訪れており、「離山の東側には軽井沢に向けて荒涼とした荒れ地（MOOR）があり、右手に果てしなく続いている」と書き記している。

こうしたことから、ショーとディクソンが初めて軽井沢を訪れた時、故国のスコットランドに似た風景に魅せられたという逸話は、サトウを始め、軽井沢を訪れた当時の外国人達の感想がミックスして伝えられたものと考えられる。

サトウはその後も明治一一年夏『中部・北部日本旅行案内』の共著者であるホースと共に、北アルプスの鉢ノ木峠に登る途中に軽井沢宿を訪れている。その山岳行の帰途、下諏訪から軽井沢に出た時の日記（『日本旅行日記』）にも「宿の人間が無愛想だったが、隣の亀屋の人は良かった」と、亀屋の良さを推奨している。

サトウらの筆になる『中部・北部日本旅行案内』は、明治一四年に東京から東北、北海道にかけて旅行した英国人女性、イザベラ・バードや、明治一一年に日本を訪れた英国王立地理学会特別顧問のアーサー・H・クロウもガイドブックとして参考にしたようである。

特にクロウは、「軽井沢は、ほとんど葉の茂みに隠れた、ことのほか美しい村である。三〇〇〇フィート（約九〇〇メートル）を超える高地にあって、あの平野部の害虫——蚊も出ないから、数日を過ごすのにふさわしい健康的な気持ちのよい土地に違いない」と、その著『クロウ日本内陸紀行』の中で記している。

ショーとディクソン以前に軽井沢に訪れた外国人のこうした記録から、ショーとディクソンも、「亀屋」という旅籠の存在をある程度分っていてこの宿を訪れたと考えられる。

『万平ホテル物語』によると、サトウは明治一五年にも浅間山に登り、下山後、三度屋という軽井沢宿の新しい旅館に泊まっていたようだ。

その記録の中で、「宿の主人は去年の夏、二ヵ月ほど東京の医学校からきた二人の教授に家を貸した、と言っていた」と書いている。

三度屋には、明治一六年にも経済学者として世界的に有名なベルリン大学教授カール・ラトーゲンが滞在しており、ショーとディクソン来訪以前にも、軽井沢を訪れる外国人が既にいたことが記録に残っているのである。

欧米人達は現在でも友人同士による口コミ情報を最も重要視する。ショーとディクソンが、関東から日本海側に抜ける旅行を始める際も、在日英国人間のこうした旅行経験やサトウとホースのガイドブックが大いに役立っていたはずである。

二人は、近くの碓氷峠まで鉄道が通じる明治の文明開化の時代にあって、その進歩から取り残された高原の「山村」、軽井沢が持つ風情に魅せられた。

そこは、当時、急速にさびれ始めてはいたが、かつては関東と関西を結ぶ主要街道である中仙道に面した宿場町であり、人々の往来も多かった。

従って単なる峠の寒村ではなく、規模は小さいが昔からの長い歴史と文化を持つ宿場町だったのだ。

現在でも、碓氷峠側の入口である二手橋付近には、かつての中仙道を行く数多くの旅人達が行き交ったであろう宿場町の風情が色濃く残っている。

更にその手前には、旅館「つるや」が宿場に面した旅籠の雰囲気を現在も唯一残しているのは嬉しい。このように軽井沢の開祖とされるショーとディクソン以前にも、アーネスト・サトウに代表される多くの外国人達がその美しい自然と風景を愛して、信州旅行の途中に軽井沢宿へと立ち寄っていたのだ。

ショーとディクソンの功績

では、ショーとディクソンの二人はなぜ、他の外国人旅行者達を差し置いて、避暑地・軽井沢の「発見者」とされるに至ったのだろうか。

それは二人が春の滞在から日を待たず、その年の夏に再び訪れることを約束し、予定通り家族を連れて軽井沢で「避暑生活」を始めたからに他ならない。

つまり、彼らは旅人ではなく、ひと夏の避暑地として軽井沢を選んだのである。

その滞在生活の結果、軽井沢に英国流の生活が根付くことになった。

そして英国国教会の宣教師であったショーと、文科大学（後の東京大学）の教授を務め、教え子には夏目漱石もいたというディクソンの教育者という、二人の「職業」と人脈がその後の軽井沢の発展に大きな影響を与えることになった。

まず「宣教師」であるショーは、軽井沢にキリスト教を布教させた。

ショーは美しい自然の中で滞在しながら、朝な夕なに家族で祈りを捧げる、信仰の場としての軽井沢を発見した最初の西欧人であった。

軽井沢には都会にある大聖堂や壮麗な教会などの宗教施設はない。

しかし、森の緑の中にある簡素だが深い信仰と精神性に根差した祈りの場がある。

そのことが現在も残る古い教会群と共に、他にはない軽井沢独特の魅力を醸し出している。

都会生活を捨てて、自然の中で暮した体験を描くソローの名著『森の生活』のように、文明生活から隔絶された自然の中の理想的な暮しを求める、一種の文明批評的な軽井沢の性格がそこには色濃く感じられる。

ショー一家は、信仰のみならず、カナダ人らしく、自然の中での健康的な生活を好んだ。

父と子で連れ立って一ノ字山や矢ヶ崎山など、周囲の山々を歩き、レクの森や温泉の湧く小瀬でキャンプ生活を楽しんだ。

更にオルガン・ロックやジャイアント・チェアと名付けた矢ヶ崎山中の岩峰に登って身体を鍛えた。家族で健康的な夏を過ごすという軽井沢の健全なリゾートライフは、最初にショー一家が残したものだ。

避暑地軽井沢の恩人とされる宣教師、ショーの人生について、少し振り返っておこう。

ショーは、当時、英国の自治領だったカナダ連邦のトロントに生まれ、市内のトリニティ・カレッジで神学を学んだ。

その後、祖国の英国に渡って、英国国教会の司祭となっていた。

だが、日本のキリシタン禁制が明治六年に解かれたのを機会に、日本へ聖職者を派遣することになった。

その一人がショー師であり、もう一人がアイルランド出身のライト師であった。

ショー師は、当時の外務大臣グランヴィル伯爵より、日本駐在のイギリス公使館付チャプレンに任命され、身分上、大英帝国外交官の資格を持っていた。

二人は、カナダからアメリカ経由で明治六年九月に横浜に上陸し、横浜居留地に滞在した。そして東京に向い、三田の慶應義塾の前にあった大松寺に仮住いした。

更に、赤坂・霊南坂にある陽泉寺に移り、寺の下にある鉄道官舎に住む英国人鉄道技師が集う礼拝所を建立した。

この礼拝所が後に、日本における聖公会の布教の場となり、八名の日本人が洗礼を受けることになった。

その中に、後に軽井沢を愛しこの地に暮した政治家、尾崎行雄がいた。

ショーはその後、英国よりメリー・アンを妻に迎え、東京で結婚。三田の慶應義塾を開いた福沢諭吉の知遇を得て、三年間彼の屋敷内に住んで、福沢の子弟の教育を行った。

明治一〇年、慶應との契約が切れると、ショーは新たな教会の建設に取り組み始めた。麻布飯倉坂上に赤レンガ造りの聖アンデレ教会を建立し、この飯倉の聖アンデレ教会を中心にショーはキリスト教の布教に努めた。そして大執事（アーチデーコン）の重職に任ぜられるのである。

聖アンデレとは、スコットランドの守護聖人の名前で、ネオ・バロック風の外観を持つ美しい教会を設計したのは、工部大学校造家学科（東京大学工学部の前身）の建築技師として招かれたド・ポアンヴィールという人物だった。その妻はスコットランド生まれの詩人で、東京に住む西欧人の間で人気があったという。

ポアンヴィール夫妻は、都内にあるウィリアム・コグズウェル・ホイットニー家に日々集い、ここでディクソンの兄のW・G・ディクソンらと交流を深めた。

当時、このホイットニーを援助していたのが、森有禮、澁澤栄一であった。更に勝海舟もホイットニーの長女クララの義父となっていた。

こうした人間関係からショーは、ディクソンと知り合って親しくなり、二人で日本海への徒歩旅行を計画することになったと思われる。

同行者のジェームス・メイン・ディクソンは、スコットランド生まれの英国人である。エジンバラ大学で学んだ後、ショーに遅れること七年後の明治一三年に来日し、文科大学（後の東京大学）で英文学の講義を行った。

彼も明治の「お雇い外国人」の一人である。しかし、専門は英語学で、その授業内容を聞いた明治の文豪、夏目漱石には不満が残ったという逸話はよく知られている。

ディクソンの教え子には、斎藤秀三郎、市川三善、岡倉由三郎、帆足理一郎など、日本の英文学の先人と呼ばれた人々がいた。

明治一九年の春、二人は、旅籠の「亀屋」に宿泊する。この時は、他の日本人宿泊客もいたため、ショーは騒々しさを嫌った。

そこで夏に家族で再び訪れた時は、ディクソン夫妻と離れ、碓氷峠に面した町の入り口にある旅館「つるや」に泊まった。つるやの紹介で軽井沢宿の村のはずれにあった空き家を手に入れ、それを「別荘」代りに使った。こうしてショーは「軽井沢の別荘族第一号」であり、元祖別荘族となったのである。

ショーが購入した空き家は、以前旅籠として使われていたもので、軽井沢宿の村はずれの碓氷峠側に位置していた。

そのため善光寺参りに中仙道を行く日本人の巡礼者が、旅籠と間違えて朝晩を問わず戸を叩いた。やむなくショーは、二年後の夏に他の空き家を手に入れて、軽井沢宿から少し入った大塚山の丘の上に別荘を移築したのである。

こちらも旅籠だったものを洋風に変えて住んだので、これが後に「ショーハウス」と呼ばれ、その後に建つ軽井沢の「洋風別荘」の原型となった。

このショーハウスは、明治三五年にショーが東京・芝の自宅で逝去するまで軽井沢の別荘として使用されていた。

その後、家族に受け継がれたが、ショーの死後売却されてしまう。しかし、建物のみが日本基督教団軽井沢教会に移築され、戦後まで付属の幼稚園施設として使用されていた。

やがて幼稚園拡張のために解体されることになるが、保存を求める声が強まり、昭和六一年にショーが別荘第一号を建てた敷地内に、当時の規模のまま復元されることになったのである。

これが現在、旧軽井沢の「軽井沢ショー記念礼拝堂」の奥に建つ「ショーハウス記念館」だ。「ショーハウス記念館」は、木造二階建てで建物面積一八五平方メートル、日本伝統の下見板張りの外観と押縁を持つ素朴な建物で、内部に入ると一階は玄関の左右にホールと居室、奥に食堂が設けられ、廊下の奥に二階への階段があり、二階は四つの寝室に分かれている。

外観は日本の民家風ながら、内部の間取りは西洋風で、この折衷スタイルが軽井沢の別荘建築を生み出すもとになった。

一方、ショーハウス記念館の前にある「ショー記念礼拝堂」は、ショーによって創設された軽井沢で最初の教会だった。「ショー記念礼拝堂」は、ショーが最初に過した古い旅籠の一部を残して、大正一一年（一九二二年）までにほぼ現在のような建物となった。現在は年間を通じて開放され、誰もが礼拝できるようになっている。

ショーは、明治一九年春に軽井沢を訪れ、その自然と風土に強く魅かれ、七月上旬に家族を連れて再び軽井沢を訪れて約二ヵ月滞在、翌年から東京の知人に軽井沢を紹介し、十数人で訪れるようになった。

その後、明治三五年に東京・芝の自宅で逝去するまでほぼ毎年この地を訪れていた。彼は軽井沢の別荘を拠点に布教活動をしながら、子供達に水泳を教えるなど住民と積極的に交流をはかり、住民の冬場の生活を支える氷の製法やパンの焼き方など西洋文化を紹介した。

軽井沢の避暑地としての端緒を開き、その文化に大きな貢献をしたことから「軽井沢の御父」とも「恩人」とも呼ばれている。

明治四一年に建てられた「ショー氏記念碑」には、次のような文字が刻まれている。

「尊敬する大執事A・C・ショー氏を記念して。師は夏の居住者として初めて村民と共に暮らし、彼らの永年の誠実な友人であった。軽井沢の村民がこの石碑を建てた」

初期の静かな避暑生活

ショーハウス記念館とショー記念礼拝堂は、内部も礼拝と見学可能である。軽井沢を訪れる友人達を案内して私もよく出掛ける。

そこには、ショーの時代の軽井沢の息吹が今も色濃く残っている。

礼拝堂は長年西洋人の集まる教会として使用され、後に英国国教会と米国聖公会が合同で結成した日本聖公会が拡張して、現在の「軽井沢ショー記念礼拝堂」とした。

避暑地としての軽井沢の歴史を肌で感じたい時には、まずショーが建立した「軽井沢ショー記念礼拝堂」を訪れ、開け放たれた木造の礼拝堂の窓から、旧軽井沢の深い森独特の草いきれのするような湿った空気を吸い込んでみてもらいたい。そして正面の祭壇に飾られた威厳ある十字架に向かって礼拝し、しばらく沈思黙考するといい。自然の中で素朴な生活と祈り。それこそが宣教師ショーが理想とした、避暑地・軽井沢での暮しの「原点」なのだ。

再現されたショーハウスの中に入ると、床、壁とも内装は素朴な板張りとなっており、ここで寝起きし、旧軽井沢の深い緑の中で信仰し布教の滞在生活を送ってきたショーとその家族の生活振りが偲ばれる。

館内には、ショー一家の慎ましくも豊かな軽井沢暮しを偲ぶ当時の写真や家具類が展示されている。当時の写真からはショーを中心に、メリー・アン夫人、長男アレキサンダー、次男ノーマン、三男ロナルド、長女ドロシアとその子供達が仲むつまじく暮している様子が伺える。

ショーの次男のノーマンの残した回想記によると、彼は父親に連れられて、家族で近郊の森に出かけ、離山の草の上で横たわったり、矢ヶ崎山の巨人の椅子と呼ばれた大岩に登ったり、千曲川の川辺まで出かけていた。

また、軽井沢の周囲に聳える外輪山の一つ、一ノ字山でキャンプを楽しんだり、小瀬で温泉に入って、雄大な自然を楽しんだ。当時は、電気もガスも水道もなくランプに灯した火と自然の沢の水を貯水のための石垣に入れ、木造小屋でひと夏を過した。

ショーは、軽井沢の大自然の中でのこうした暮しを気に入り、この地を「屋根のない病院」と呼んだ。そして、その冷涼な気候と澄み切った大気、緑豊かな森林など、自然に恵まれた軽井沢の西欧的な風土の素晴らしさを、内外の知人達に知らせたのである。そのショーの誠実な人柄もあって、当時の在日英国人の宣教師や教師の家族らが、軽井沢での素朴な避暑生活を始める契機となった。

その意味で、ショーは「避暑地・軽井沢」の創立の精神を支える大恩人として、現在も深く愛されている。
旧軽井沢を中心に現在も色濃く残る、素朴で、質素な自然の中でのピューリタン的な滞在生活は、その開拓者であるショーの人生に起因するところが大きい。まさにショーは軽井沢の「守護聖人」のような存在となったのである。

避暑地、軽井沢の魅力は、様々な古き良き伝統が時代を経ても変わらずに受け継がれていく所にある。しかし、最初にショーという宣教師が避暑目的で滞在したことにより、軽井沢のその後の歴史が方向付けられていったのである。

一方の東京大学教授、ディクソンの功績は、西洋型リゾートホテルを整備したことである。
彼は自然の中の寒村に過ぎなかった軽井沢の旅籠に長逗留することによって、そこで西洋風のライフスタイルが可能になるよう様々な注文をつけ、それを実現させた。
すなわち、軽井沢に西欧のライフスタイルを持ち込み明治の文明開化を行ったのである。例えば、肉を食べる習慣のなかった当時の日本の地方で、牛肉を食べ、肉を保存するための氷の調達や牛乳の生産、パンの焼き方といった基本的なライフスタイルを、「亀屋」(後の万平ホテル)という宿泊施設で行った。

ディクソンは亀屋に滞在中食事のみならず、ベッドで就寝する習慣、バスタブでの入浴方法等、西洋と同じ生活が可能になるようオーダーした。それが主人の佐藤万平の努力によって、可能になってくるとディクソンは、亀屋での生活が気に入り、東京に戻った後、通訳(当時は通弁)を通じて、その年の夏にはひと夏を過したいと亀屋の主人、佐藤万平に頼んだ。

万平は当時、現在の旧国道の工事監督を県から依頼され請け負っており、この報を聞いて、すぐさま上京し、東京・本郷の文科大学にディクソンを訪ねた。そして工学博士・細木松之助の通訳でひと夏の滞在料金を決めたのである。

このように英国人のディクソンの滞在をビジネス・チャンスと見た佐藤万平は、勤めていた長野県庁を辞め、ディクソンらのコックになった。

西洋料理を全く知らなかった万平は、ディクソンらに教わったパンを焼き、牛乳を絞って、魚のフライを調理した。

懸命にサービスする万平を見て、滞在中のショーとディクソンは大いに満足した。翌年からショーは、亀屋を離れて、自分の別荘を持つが、ディクソンはそのまま「亀屋」に通い続け、「ホテル滞在派」第一号となったのである。つまり、ショーはキリスト教の精神主義とキリスト教の思索、そして自然の中での素朴な生活を人々に教え、ディクソンは西欧生活の便利さを軽井沢に持ち込むきっかけづくりをしたのであった。

二人に続く外国人避暑客

ショーとディクソンが軽井沢で避暑生活を送った翌年の一八八七年（明治二〇年）。鉄道未開通区間の横川―軽井沢間に、碓氷馬車鉄道会社が鉄道馬車を運行し始めた。同じ年、東京の鹿鳴館では華やかな仮装舞踏会が行われていた。

新しい別荘を大塚山に移築したショーの招きに応じて何人かの西洋人が避暑に訪れた。最初は亀屋、三度屋などに泊まり、気に入ると、翌年から別荘を建てた。

現在もその名前が記録に伝えられているのは、理科大学のダイバース、フィッシャー、ヴァーベック等々である。八九年には貿易商のカービー、青山学院教師のミルトン・S・ヴェイル、頌栄女学館（現頌栄女子学院中学高校）の教師ミス・アレキサンダーとアナベル・ウェストという二人の教師も軽井沢を訪れた。

特にミス・アレキサンダーとウェストは、同校の女生徒二十余名を引率して軽井沢の別荘に泊めた。これが日本の「夏期林間学校」の始まりとされている。

当時の軽井沢は、この女生徒達を除けばまだ三十数名の避暑客しかおらず、ショー・ファミリーとその友人の外国人教育関係者が中心となった。

これは当時の外国人が文明開化後の日本に招かれ、主に教師として活躍したためである。

豪華別荘の走りとなったのは、一八九〇年（明治二三年）に、英国公使のヒュー・フレーザーが二手橋の先に建てた英国公使館別荘だった。

この英国公使館別荘は、木造二階建てで、窓はガラスの格子戸があり、内側の仕切りもガラス戸という立派なもので軽井沢では初めてのものであった。また浅間の焼石で築いた暖炉も軽井沢で最初のものだった。

夫人のメアリー・フレイザーは、夫と共に伊香保で用意した人力車で碓氷峠を越えて軽井沢にやってきた。彼女は緑にすっぽりと包まれて孤絶したこの別荘を「平和の宮殿」と呼んでいた。

メアリー・フレイザーがその頃、故郷に宛てた手紙『英国公使夫人の見た明治日本』（淡交社刊）にはこんな一節がある。

「私は世界でもっともすばらしい書斎で書いています。頭上には、カラマツの枝が快い緑のアーチをつくっています。（略）私が音楽がなくて困らないように、野性のつる草や白いアジサイの生け垣と生い茂るヤマフジとのあいだをくぐって流れる小川が、かたわらで涼しい歌を歌っています」

ショーが静かな避暑生活を送っていた頃の初期の軽井沢の生活が、こんな一節からも伺える。

一八九一年（明治二四年）には、横川―軽井沢間でアプト式鉄道の工事が始まった。明治学院の教師であったセオドア・M・マクネアらも軽井沢を訪れ、マクネアは知人が滞在するために、三軒別荘と呼ばれた別荘を建てた。これがその後の軽井沢の「貸別荘」の始まりとなった。

このように年々増えていく軽井沢の外国人避暑客の滞在生活を支えるために、旧軽井沢を中心にパン屋や肉屋、牛乳屋、氷屋が次々と開業した。例えば、軽井沢駅前に開店した山屋商店は、袖山萬蔵が、ショーら宣教師からパンの焼き方を学び、ベーカリーを開業したものだった。

こうして中仙道の宿場町から村はずれに建った教会堂を中心に、さながら「リゾート信仰の門前町」とでも言えるような賑わいが形成されていくのである。

一八九三年（明治二六年）、工事中の横川―軽井沢間のアプト式鉄道がようやく開通した。二一年には既に軽井沢―直江津間の信越線が開通していたため、これにより上野―直江津間が鉄道で結ばれることになった。

これらの交通アクセスの整備により、軽井沢の存在がようやく日本人にも知られるようになる。日本人として最初に別荘を建てたのは、近くの温泉に療養に訪れていた外国留学経験のある軍人、海軍大佐の八田裕次郎だった。

英国留学の経験もある八田は、碓氷峠の反対側にある霧積温泉に湯治に訪れた際、山ひとつ隔てた軽井沢に外国人コミュニティが生まれていることを聞き、早速訪れた。

彼も軽井沢の夏の生活を気に入り、一八九三年（明治二六年）に三〇〇坪の土地を購入して別荘を建てた。

その結果、八田はショーに遅れること五年の後、日本人の別荘族第一号となった。

この八田荘は、現在も旧軽井沢の諏訪の森にあり、ショー通りに面して当時のまま残されている。親族によって現在も夏の間別荘として利用されている。

八田は、東伏見宮の随行員としてイギリス、フランスに旅行した軍人であった。ところが、一八九〇年（明治二三年）に帰国後、健康を害した。そこでヨーロッパ・アルプスでの高原療法をヒントに、北海道、日光、箱根等に療養地を探索し、碓氷峠の霧積温泉に出かけて、軽井沢と出会うことになるわけである。

軽井沢の湿度の低い空気と乾燥の速い土地はオゾンを多く含み、八田の健康はメキメキと回復した。そこで友人でもある日本赤十字病院長の橋本綱常やドクトル・ベルツらに、夏の転地療養のため軽井沢に別荘を建てることを勧めたのである。

初期の軽井沢には、まさにショーの言う「屋根のない病院」、健康回復の聖地としての側面が色濃く残っていた。

八田は学習院の学生をつるや旅館に宿泊させ、健康の増進と共に、多くの外国人と接しさせ、マナー等も学ばせた。これらの学生の中から徳川慶久のように後に軽井沢に別荘を建てる貴族が出、上流階級の別荘も多く建つようになったのである。

こうして軽井沢では外国人と日本人客が一体となってひと夏を過ごすという、当時としては極めてインターナショナルな雰囲気の中での高原の避暑生活が営まれるようになった。

大正時代の代表的な軽井沢案内記である佐藤孝一編著の『かるゐざわ』は、当時の軽井沢の魅力をこう記している。

「雄大なる風光は内外の外人を誘い、清涼なる気候は内地人を呼んで斯くの如く発展し来ったのである。然し避暑地また療養地として、軽井沢の好適なるは、生活の簡易及び経費の低廉なる点にも由るのである」

決して現在のような豪華さを売り物にする別荘地ではなかった。給料の安い質素な宣教師でもひと夏を過せる避暑地、それがショーの拓いた軽井沢だったのである。

そして佐藤はこう書く。

「『娯楽を人に求めずして自然に求めよ』と。

これが軽井沢の至る所に於て叫ばるる言葉であって、唯一の主張または方針である。故にこの主張と方針の下に、避暑地として世に知られてより、今日に至るも猶芸娼妓を許さずまた此の種の婦人を容れずして、飽くまでも善良なる風習を保つに腐心するは、これ他の避暑地に誇るべき所以の第一である」

また、避暑地軽井沢の特徴として「善良で自由平等であること」を挙げている。

軽井沢の風景を作った日本人

以上が「避暑地・軽井沢」の誕生の歴史である。だが、それ以前、例えば明治初年頃の軽井沢が果たしてどのような「風景」であったのか。このことも意外に知られていないので少し触れておこう。

明治初年頃の軽井沢高原は、浅間山の相次ぐ噴火により、一帯は不毛の原野と化し、江戸時代から植林が行われていた。

浅間山の中腹には小諸藩の所領する松林があり、後に天領となって保護された。

明治時代に入ると、一八七五年（明治五年）に、旧小諸藩家老の鳥居義処《よしずみ》が約一〇〇ヘクタールの国有地払い下げを受け、一八八一年（明治一四年）にも民有地約二一二ヘクタールを買収し、防風林としてのカラマツを植えて、開拓を行っている。

ショーらが軽井沢を訪れる直前の一八八四年（明治一七年）夏には、後に北佐久郡長となった鳥居の別荘に明治の元勲、山縣有朋や桂太郎が訪れたという記録が残っている。

この鳥居から事業を引き継いで一八八三年（明治一六年）に一〇〇ヘクタールの官有地と民有地を約一七万円で購入、毎年三〇万本ずつのカラマツの植林を続け、計七〇〇万本を植えたのが、山梨県出身の実業家雨宮敬次郎であった。

雨宮敬次郎は、一八四六年（弘化三年）甲州に生まれ、長野県の小布施出身の市村のぶと結婚し、その仲人の土屋九蔵が、旧沓掛宿（現在の中軽井沢）で本陣旅館を営んでおり、後に村会議員にもなっていたことから、軽井沢との縁が生まれた。

雨宮は、マユや生糸、蚕種などの仲買いで身を立て、横浜に出て両替や洋銀相場で財を成した。その後、一八七六年（明治九年）に渡米し、欧米各地を半年かけて視察。アメリカ大陸も横断して開墾事業への目を開かれた。そして帰国後、一面の荒野だった浅間山麓の軽井沢の原野を購入し、その開拓を始めることになった。

雨宮は一八八三年（明治一六年）に公債を売って、現在の国道一八号線南側の官有地五〇〇町歩を購入。軽井沢最大の地主となる。

翌一八八四年（明治一七年）、雨宮は離山下の一万坪の敷地に、現在も残る「雨宮御殿」と呼ばれる豪華な屋敷を構える。ここで暮しながら彼は手始めに、故郷山梨で始まっていたワイン醸造のためのブドウ栽培を始めた。ところが厳しい気候のためこれに失敗した。その後も農場の造成、家畜の飼育など次々と行うが、経験不足と地理的条件の研究不足のためにうまくいかなかった。

そこで、雨宮は県外からの入植者を募って、馬と農具を提供し、ソバなどの栽培を行って、ようやく開拓事業をスタートさせた。こうして開拓した二〇町歩の水田は「雨宮新田」と呼ばれている。

その後、彼は植林事業に着手し、年三〇万〜四〇万本の落葉松の苗木を植えさせ、約七〇〇万本の植林を実現した。

現在の軽井沢一帯に広がる落葉松の森といった「風景」は、この雨宮の開拓と植林事業の結果として、生み出されたものである。

雨宮はその後、明治を代表する大企業家となった。京浜電気鉄道、江ノ島電鉄、東京市街電車、草軽鉄道などの鉄道事業も行った。

そんな軽井沢に、一八九四年（明治二七年）、亀屋の主人、佐藤万平がショーとディクソンの滞在以後、年々増加する外国人避暑客を宿泊させるため「MANPEI HOTEL」を開業した。

このホテルは従来の旅籠の畳を取り払って板張りにし、玄関はガラス戸にし、左はパーラー、奥はフロントと会計にしたもので、食事も洋風のものを提供した。同じ年、碓氷トンネルも開通し、避暑客はさらに増加する。明治二七年にはプロテスタントの宣教師たちが超教派で軽井沢において国際会議を開き、約二〇〇人の外国人が集まった。

旧軽井沢の中心部にあるユニオン・チャーチ。1897年（明治30年）に創立され、外国人信者の礼拝だけでなく、夏期のハンドベル・コンサートなど、多目的に使用されている。
写真提供：軽井沢高原文庫

この国際会議を機に、軽井沢に一種の外国人コミュニティが誕生し、アメリカ人宣教師セオドア・M・マクネアや英国人宣教師ホワイト、英国人実業家ジョンストンらが翌明治二八年に別荘を建て、軽井沢の外国人社会はますます拡大していったのである。

外国人のコミュニティが出来上がると、その中心には教会が必要となった。軽井沢の教会は明治二六年にショーによる礼拝堂が建立されていたが、聖公会以外のキリスト教信者も増えたため、一八九七年（明治三〇年）、軽井沢合同基督教会（ユニオン・チャーチ）が創立された。

当時としてはかなり大きな建物であったこのユニオン・チャーチは、英国人の鉄道橋技術者として知られるチャールズ・ボウナルが碓氷鉄道線建設のために軽井沢を訪れた際、鉄道技師クラブとして建てられたもので、当時はイングリッシュ・ビリヤードなどが行われていた。それを移築し、オーディトリアムと呼んで礼拝のみならず、外国人社会の様々な集まりを行う多目的ホールとして再利用した。

このユニオン・チャーチは、現在も旧軽井沢の諏訪の森に建っている。

ユニオン・チャーチでは毎週日曜日にミサと説教が行われ、現在も軽井沢に暮す外国人を中心に信者が多く集まる。

キリスト教の宗派を問わず、軽井沢周辺に住む各外国人の連合の教会で、内部の太い柱などは明治時代の集会場の雰囲気が残っている。

私は以前、夏のシーズンに主催されるハンドベルのコンサートを聞いたことがあった。また近くの諏訪の森を散策する時など館内から楽器を練習する音が響くことがよくある。この一帯には、古き良き外国人避暑地の風情が現在も色濃く残っている。

西欧の街には、どこでも中心部には教会と広場があるが、西欧人が拓いた避暑地・軽井沢の中心となるのが、このユニオン・チャーチの建つ一画である。

そこに、中山道時代からの宿場町の軽井沢宿が重なり、ユニオン・チャーチの背後には、村の鎮守、諏訪神社の社殿と森が広がっている。

その不思議な風景は、まさにインターナショナルな避暑地、軽井沢そのものだ。

八田に続いて、日本人も続々と別荘を建て始めた。

外国人滞在客が故国に向けて電報を打った旧軽井沢郵便局（現在は「明治四十四年館」として移築・保存されている）。　写真提供：軽井沢高原文庫

例えば碓氷峠の鉄道建設に携わった鹿島建設の鹿島岩蔵は、工事終了後、軽井沢の美しい風景に着目し、土地を購入し貸別荘を作った。

また、伊藤博文の次女と結婚した政治家の末松謙澄も、軽井沢宿から旧碓氷峠へ上る二手橋の右側に「泉源亭」と名付けた巨大別荘を建設した。

末松は、東京日日新聞記者時代に伊藤博文と知り合い、ケンブリッジ大学に入学。大学院まで進んだ人物である。彼は帰国後、伊藤の次女と結婚し、政界に進出して、逓信大臣、内務大臣を歴任した。ケンブリッジ大学在学中に学んだのが、親日派として知られたモリソン教授で、教授の長女バサイアは、留学生の一人尾崎三良と結婚。その長女テオドラが尾崎行雄の妻となった。末松の結婚披露宴の主賓は、英国公使フレーザー夫妻で、彼の別荘も英国公使別荘の向かいに建てられている。

　こうして、外国人宣教師の避暑別荘の周辺に日本の有力者達が集まっていった。

　一八九九年（明治三二年）、外国人為替の事務を行うための軽井沢郵便局が事務を開始した。この頃の外国人避暑客は九〇〇人余に達している。

　一九〇二年（明治三五年）、軽井沢の別荘族第一号であったショーが死去した。ショーが所有していた大塚山の別荘は、彼の死の翌年、末松謙澄の勧めで、長野選出の衆議院議員小坂善之助が買い取った。これらは最も初期の軽井沢に一つの時代の終わりが訪れたことを示す象徴的な出来事であった。

　しかし、ショーの残した深い宗教的精神性と暖かで誠実な人柄、そして「健康保養地」としての軽井沢の理想は、その後もこの地に集まる外国人、そして日本人別荘族によって正統に受け継がれていく。かつて宣教師ショーと学者のディクソンが拓いた避暑地としての「軽井沢」。その古き良き時代のその香りを求めて、今も人は軽井沢という聖地へと集まるのである。

第二章

大正コスモポリタンの光と影

受け継がれた理想郷

宣教師ショーと学者ディクソンによって発見された明治期、軽井沢での外国人宣教師たちの避暑生活は、電話も電気も上水道もなく、別荘も廃業した古い旅宿を求めて、これを移築し、洋風別荘として改築していた。

飲料水も、出入りの者が毎日運び、入浴用水は雨水を溜めるなど、文明生活を離れて森の中で暮すという野外生活に近いものだった。

軽井沢の別荘建築を研究した建築史家の宍戸實は「高原の天気は変わりやすく、急に烈しい雨になったり、一旦霧に包まれたりすると、せっかくの戸外生活を損じるので、ベランダを設けて社交や団欒の場とした。また、夏の盛りでも急に気温が下がって肌寒くなったり、二、三日も細かい雨や霧に閉ざされたために窓際に暖炉を築くようになる」と『軽井沢別荘史――避暑地百年の歩み』に記している。

こうしたライフスタイルは、本国でも同じような気候を経験したスコットランド系の外国人に多かった。

軽井沢では、浅間の焼石を積み上げ、赤黄色の土管を継いで煙突を作り、これが後に「軽井沢型暖炉」と呼ばれるようになった。宍戸は、ショーハウスのようなタイプを「初期軽井沢バンガロー」とし、明治末からこれに屋根付ベランダを張り出したのを「次期軽井沢バンガロー」と名付け、ベランダの他に、暖炉（ファイア・プレス）が設けられた。

家の中心を為すリビングは、当時パーラーと呼ばれ、広いベランダと合わせて大きな空間となるように改築された。

ベランダがつくことにより、軽井沢での避暑生活は大きく変わっていった。庭の木陰でしか戸外の生活が楽しめなかったのが、朝も夜も、雨や霧の際もベランダで談笑し、午睡をし、午後のお茶を楽しむことができた。

また、夜は多くの虫が燈火に集まるため、目の荒いガーゼのような寒冷紗でスクリーンをし、防虫網をして窓に張る家も現れた。

このように、明治期の西洋人の洋風別荘は、サマーコテージとして利用され、森の中での家族揃っての静かな団欒が行われた。そこでは英国人やカナダ人を中心とした外国人宣教師、技術者、教師といった人々が、信仰を大切にし、健康で禁欲的な生活を続けた。また、東京や横浜などの都会では行われない外国人コミュニティ内での密な情報交換も行われていた。

その一方で、地元民との交流も行われた。ショーは、地元の子供に水泳を教えたり、冬の半年間収入のない人々のために池を利用した天然氷の製造を学ばせ、それをワラ小屋で保存する氷室も作った。さらに、自分の別荘下の窪地を耕してキャベツを作ることを教えた。

宣教師の中には、クレソンやルバーブが食べられることを教えた者もおり、ラズベリーやグスベリーのジャム製造を中山農園に教えた西洋人の婦人もいた。パンも宣教師がその焼き方を山屋に教えたのが始まりとされる。

こうして、宣教師らの避暑生活と共に、軽井沢は西洋文化の街となっていった。

明治期に初期バンガローを建てた外国人としては、ジョン・エドガー、ニップ・ミントン、B・マディソン、トーマス・クレイ、ウィン・テオドラ、M・マクネア、ロバート・A・タムソン、ウィリアム・アキスリング、ジョン・スコット、イーヴィン・ヘンリー・コーレル、A・D・ウッドウォース――らの名前が残っている。西洋人、特に英国人の上流階級の人々との交流は、当初、日本人の皇族、華族、元大名家の人々によって行われ、軽井沢に夏だけの日本人上流コミュニティが形成されることになる。現在でも軽井沢には、ショーハウスと共に初期バンガローの一つである「シーモアハウス」などが現存している。

そして、日本人の間でも、日本の中の異国であった軽井沢に欧米留学や海外旅行の経験者が集まり始めた。そこから、キリスト教の礼拝、テニス、乗馬といった外国人との社交やスポーツが栄んになってくるのである。

やがて避暑地としての軽井沢が国内でも知られるようになると、そのステイタスを求めて、時の権力者である政治家や明治、大正期の資本主義経済下で財を成した財界人や実業家が、その贅を深い森の中で競うようになるのである。

しかし、その一方で「娯楽を人に求めずして自然に求めよ」という初期のスローガンも、軽井沢の避暑地としての歴史と文化を愛する者を中心に、静かに受け継がれていった。

避暑地・軽井沢の他にはない素晴らしい点がここにある。すなわちショーとディクソンに代表される初期の英国系外国人達がこの地で滞在して発見した「理想の暮し」を、彼らに続く外国人や日本の先人達がその精神を正しく受け継ぎ、コミュニティとして築き上げていったのだ。そして英国系宣教師のグループによって創り出された森の中の一種の理想郷《ユートピア》は、その跡を継いだ子孫達や他の外国人、そして数多くの日本人の先人達によって受け継がれ、磨かれながら拡大し、地域的にも拡大しながら、それぞれ独自の発展と進化を続けていった。

これは、当時の日本では、ある意味で、奇跡とも言える出来事だった。

筆者が執筆した『日本別荘地物語』の中でも記したことだが、日本各地に点在する国際的なリゾートの大半は、明治元年から明治二〇年頃までの約二〇年間に起源が集中している。

この時期、文明開化の日本に上陸した外国人達が、日本の主要都市に滞在するうち、我が国が持つ豊かな自然に着目し、そこで欧米流のリゾート暮しを楽しむようになったためである。

軽井沢に先駆けて一八六八年（明治元年）に貿易港である神戸に赴任した英国人アーサー・ヘスケス・グルームは、港の居留地で貿易業を営んだ。そのかたわら背後の六甲山の自然に着目し、銃をかついで山中に分け入り、やがて自力で六甲山系を歩く登山道を切り拓いた。グルームは更にその後、一五年の年月をかけて、六甲山山頂近くの三国池畔に最初の山荘を建てる。これが、〝百万ドルの夜景〟で名高い六甲山頂の別荘地の始まりとなった。

同じく貿易港として賑わった長崎に近い雲仙も同様だった。雲仙ではアメリカ人七人が通訳とコックを伴って山頂にアタックし、一八七七年（明治一〇年）頃には、山麓の小浜地区で幾つかの温泉旅館が外国人向けに改装を施した。そして一八八三年（明治一六年）には、初の外国人向けホテルが開業している。

更に栃木県の日光でも一八七〇年（明治三年）にローマ字で有名なヘボン博士が日光東照宮を訪問。外国人だからという理由で宿泊を断られ、難渋しているのを見かねた東照宮の楽人《がくじん》、金谷善一郎が自宅に宿泊させた。

その後、異国人を泊めた罪で東照宮を破門された金谷を見て、翌年再び日光を訪れたヘボン博士が、外国人向けのホテルを創ることを提案する。こうして日本最初の様式リゾートホテル「金谷カテージ・イン」が誕生し、後のリゾートホテル、金谷ホテルへと発展していくのである。

当時、横浜や神戸、長崎といった貿易港で暮す外国人達は、モンスーン気候による日本の夏の蒸し暑さに悩まされていて、周辺に点在する標高一〇〇〇メートル級の高原を次々と訪れていた。

長崎、神戸と並ぶ貿易港横浜では、最も近郊にあるのが箱根だった。

ここには一八七八年（明治一一年）に山口仙之助が宮の下の温泉地を拓いて富士屋ホテルをオープンさせている。

日光では金谷ホテルの開業に続いて、中禅寺湖畔に、フランス、英国、イタリア、スイス、フィンランドといったヨーロッパ各国の大使館所有の別荘が次々と建ち並び、「奥日光外交避暑団」と呼ばれるエスタブリッシュな人々が集まっていた。

こうした時代の大きな潮流の中で、華やかさや騒がしさを嫌った宣教師達が、軽井沢に集まった。そして静かな森の中に「友愛のコロニー」を作り、職業や身分にへだたりなく、自由平等を旨に質素な避暑生活を過したわけである。

その後、他の別荘地エリアは、日本人向けの観光地として発展したものの、国際的なリゾートとしての側面は影を潜めてしまった。

そして、むしろその当時、目立たなかった軽井沢が、初期の避暑地生活の伝統や美徳を誠実に守ったが故に、逆に日本人を含む多くの人々を魅きつける結果となったのだ。

むろん、軽井沢もかつての外国人避暑地としての面影は時代を追うごとに薄れてきた。しかし、まだその良さが伝統と文化として受け継がれている。これは、軽井沢のある長野県の県民性、すなわち歴史と伝統を守る点が好結果をもたらしたものだ。

長野県には、一つの文化を長年に渡って正統な形で継承していく美風がある。それが避暑地・軽井沢のブランドを、姿を変えつつ、当時のまま今日に伝えることにもつながっている。もし、軽井沢が長野の地以外にあったら、果たして現在の姿が保たれているかどうかも疑問である。

避暑地、軽井沢では、現在も明治期の風情が色濃く残されている。このような歴史の隠された「風景」を訪ねる喜びが、軽井沢の避暑生活にはある。

例えば、薄暗がりの深い森を見ても、軽井沢の歴史を少しでも知る人はそこに言い知れぬロマンを感じることが出来る。ところがそれを知らぬ方々は単なる雑木林としか映らない。しかし、そこで培われた「避暑地」としての歴史を知る人には全く違った「景色」が見えてくるのだ。

前出の『かくれ里』の解説で、青柳恵介はこう書いている。

「『かくれ里』の目的地が『歴史』というものであるとすれば、その土地、土地を通過することによって日常の世界のリズムを脱落させ、浮かれ出ずる一人の空なる心を持った言わばワキに徹することによって『歴史』というシテが姿を現わすというのを待つということであろう。『行くへも知らずなりにけり』と失せたものをもう一度追い求めるのが『かくれ里』の旅である」

そうした軽井沢という土地の持つ面白さに触れた上で、更に明治末期から大正期にかけての軽井沢の姿を見てみよう。

外国人避暑地の進化

ショーの没後も外国人避暑地としての軽井沢は、発展していった。

明治三九年の時点で、外国人の国籍は、イギリス人が四〇一人で最も多く、次いでアメリカ人三三七人、ドイツ人七四人、オランダ人一一人、フランス人五人、スペイン人三人——という数字である。軽井沢が当時いかに、国際的な避暑地であったかがわかる。

初期の別荘所有者は大半が外国人であった。

当時の主な別荘地とホテルは次の通りだ。

東区（EAST・PART）
・別荘地　森裏、釜の沢、桜の沢、丸小山、今道沢
・ホテル　萬平ホテル、オースティンホテル

北区（NORTH・PART）
・別荘地　高瀬沢、愛宕道、吉ヶ沢
・旅館　つるや旅館、富士屋

西区（WEST・PART）
・別荘地　三笠山、西山、深山、離山、長尾の原
・ホテル　軽井沢ホテル、三笠ホテル

南区（SOUTH・PART）
・別荘地　森前、上森、下森、森裏、押出橋

明治から大正にかけての軽井沢では、清涼な自然環境の他は何もなかった。だが、人々は共に集い、様々な催物や趣味に興じ、避暑地での社交ライフを楽しんだ。

佐藤孝一の『かるゐざわ』では、当時の社交について次のように紹介している。

・音楽会（コンサート）　毎夏、火曜の夜に行われた。軽井沢に滞在する内外の避暑客の中で催される音楽会で、出席者も聴衆も皆、避暑客である。
・野天演劇　主に外国人の間で行われ、別荘の庭園を背景に、東西の名作を上演する。セール氏の別荘庭園で行われたテニスンの「プリンセス」、三井家の庭園で行われたブラウニングの「ザ・パイパース・パイプ」等。
・講演会　軽井沢倶楽部のホールで行われ滞在中の学者や研究者、作家らが講演。
・運動会は外国人の組織するスポーツクラブで、「庭球部」、「野球部」、「社交遠足部」、「少年運動部」の四つに分れ、規約を作っていた。
例えば庭球部は総合教会の右側に八ヵ所のコートを設け、日曜日を除く毎日、午前九時から午後六時まで自由にプレイ。年に一度、大競技会を行った。

野球部は、町の西方に二万坪のグランドを設け、庭球部同様、毎日プレイした。外人チームとして軽井沢運動会チーム（東京アメリカンチーム）と地元の青年会による紅葉チームがあり、共に好手だった。時には早慶を初めとする東京、横浜の大学チームと対外試合も行った。

社交遠足部や、野宴会（ピクニック・ミーティング）と遠足会（トリップ・アンド・ツアーズ）もあり、近くは碓氷峠（見晴平）、小瀬山、離山、入山峠。遠くは、妙義山、布引山等まで、弁当を持って出かけ、現地で野宴を張った。また、夏になると浅間に登る「浅間登山会」が設けられ、内外人や旅館客で組織する様々なパーティが山に登るようになった。

遠足の中には乗馬で行く客もいた。このため軽井沢町内では、馬を貸す貸馬屋を営業していた。貸馬料は一時間四〇銭（馬丁なし）。馬丁付は五〇銭だった。

この他、高山植物や高山蝶の採集も趣味の一つとして行われた。

少年運動部は二面のコートと様々な運動器具を置いて、子供達の身体を鍛える。――等々という具合である。趣味やスポーツの他、西欧人の間では初期の目的であるキリスト教の信仰と集会も盛んに行われた。一八九七年（明治三〇年）に軽井沢合同基督教会《ユニオン・チャーチ》が創立され、日曜日の朝九時には外国人の紳士淑女が集まり、挨拶を交した後、祈禱の沈黙と讃美歌が流れた。

各別荘では、外国人を中心に午後のお茶《ティ》に招き合う習慣も盛んであった。

「日本各地で布教につとめていた宣教師たちは、夏の二ヵ月は同じ人種、同じことば同じ宗教の人達と住んで、故郷感を抱き、精神的な安定を得ることができた。年ごろの若者たちの新しいカップルも生まれた。朝夕の霧やアメリカのニューイングランドに似た砂地と雑木林の中に散ばる木造りの別荘は、心身の保養に最適の場所になった」と『軽井沢町誌』にも記されている。

リゾートホテルの誕生

こうした外国人コロニーの発展と共に、時代を経るにつれて軽井沢にはリゾート地としての側面が加わっていった。

明治二七年（一八九四年）四月、軽井沢におけるリゾートホテル第一号である万平ホテルの最も初期の施設が、当時の金額で一五〇〇円を投じて建てられた。万平ホテルが編纂した前出の『万平ホテル物語——軽井沢とともに一〇〇年』によると、ホテル創業時の建物は、嘉永五年（一八五二年）に、佐藤万右衛門が軽井沢宿の年寄になる前年に建てた旅籠屋だった。

宿場町に面して開口六間、奥行き二二間半とうなぎの寝床のように細長い建築で、裏庭を含む敷地は一三五坪あった。

同ホテルに残る「万平ホテル明治二七年開業当時プラン」の図面と、開業の翌年に撮った写真を見ると、その当時のホテルの様子がよく分かる。すなわち、旧道の軽井沢宿に面して、左側にガラス戸があり、内部はパーラーで、天井に提灯がかけられ、その下に籐椅子が置かれている。中央のガラス戸を開けて入ると、土間とタタキがあり、右側には主人室が置かれ、道路側は格子戸で仕切られている。

その奥がロビーで、左側には二階へ昇る階段。右側にはフロント、会計があった。通路を奥に進むと、左側に二二畳の広さの食堂とＢＡＲがあり、右側は厨房で中に囲炉裏やストーブが置かれていた。

更に奥に入ると、左側が中庭。右側にバス室とトイレがあり、バス室の横に井戸とボイラーの表示があった。建物の最奥は、裏庭に面した四室の客室で、部屋の広さは八畳から一二畳で、窓にはガラス戸を入れて、西欧のホテルらしさを演出していた。

その前年、明治二六年（一八九三年）に横川—軽井沢間のアプト式鉄道が開通し、東京—軽井沢間が一本の鉄道で結ばれると、夏には一七〇人もの外国人避暑客が軽井沢を訪れるようになった。当時それを受け入れるのは、一一戸の貸家と万平ホテルしかなかった。

明治三四年（一九〇一年）、旧問屋兼本陣の佐藤織衛がこうした夏期の軽井沢に商機を見て「軽井沢ホテル」の営業に乗り出し、万平ホテルの斜め向いに進出した。この軽井沢ホテルとの競合を避けるように、万平ホテルは明治三五年（一九〇二年）七月、現在の地、桜の沢に移転する。

夏の避暑客でごった返す軽井沢宿から、一歩奥に入った桜の沢は、周囲を小高い丘に囲まれ、丘越しに浅間山も望め、良質の湧き水にも恵まれた好立地であった。

本格的な新ホテルの建設にあたっては、亀屋時代から万平ホテルに滞在していた多くの外国人避暑客が、アドバイスを行った。

英国公使館のガビンス書記官、セール商会のキルビー、ジョンストン商会のジョンストン、宣教師のホワイト、マクネア、ベール、教師のミス・アレキサンダー、英国人のエドワード・バード、米国人クレイ・マッコウリイといった人々である。

桜の沢にオープンした新しい万平ホテルは、間口一九間、奥行き七間、一三三坪の建物で、瓦屋根総二階造。更にコック部屋と風呂場、トイレ棟が付属する木造の小学校建築を思わせる建物だった。館内の構造は、中央にある玄関を入ると、ホールがあり、正面にフロントと階段、左にメーンの食堂があり、窓の大きな大食堂からは、どのテーブルからも浅間山が望めた。

また右側は、ベランダ付の応接室となっており、奥にはサロンと四室の客室があり、二階には一八室の客室があり、南側の客室は和洋折衷で窓側に広縁をとり、寝室との間は引き戸で区切られていた。

この当時の万平ホテルの宿泊客は、主に軽井沢に別荘を持つ外国人を訪ねて夏期休暇中に軽井沢を訪れる在日外国人客であり、日本人の軍人、華族、学者などが中心であった。

この時代、万平ホテルの経営も次代に継承されている。初代・佐藤万平は外国人向けの宿経営に光を見出し、一八八七年（明治二〇年）に、一人娘よしの婿に当時、小学校の助教員を務めていた小山国三郎を迎えていた。

国三郎は当初、軽井沢町の前身である東長倉村の役場書記となって平凡な生活を送っていたが、それに飽き足らず、東京に出て、ショーの属していた聖公会神学校に入学した。そして福島、沼津で布教した後、ショーを手伝い、軽井沢を中心とする布教活動も行った。

初代・万平は、ディクソンと強い関係を持ったが、むしろその養子となった国三郎（二代目万平）はショーと親しく交わった。そして、国三郎はショーの死後も彼の功績を讃え、軽井沢ホテルの佐藤熊六、山口屋の山口平三らと共に、旧軽井沢のショー記念礼拝堂前に現在も残るショー氏記念碑を建てることになるのだ。

国三郎は、その後アメリカを訪問し、恩人であるディクソンの家を訪ね、三七年振りの再会を果たしている。また彼は同時に現地のホテル事情をつぶさに見学し、帰国後、東京、熱海、名古屋に万平ホテルを進出させた。

昭和一〇年（一九三五年）には、軽井沢の本館を取り壊し、現在のアルプス館の建設に踏み切った。それまで、桜の沢に建てた明治時代後半の建物を改築しながら営業を続けていたが、時代に合った設備を持つホテルの建設が求められるようになり、現在残るアルプス館を建てたのである。建築にあたっては日光金谷ホテル、河口湖富士ビューホテルなどの建築を手掛けた建築家の久米権九郎が設計を手掛けることになった。

山小屋を連想させるホテルの外観は、スイスの山小屋《シャレー》建築を模したものと思われているが、実は佐久地方の養蚕農家をイメージし、デザインした地方色の強いものであった。

この当時、万平ホテルをしのぐ勢いで繁盛していたのが軽井沢ホテルである。観光客の人の波が絶えない旧軽銀座の中央、土産品屋の一角を入った旧本陣跡にかつて、この名のリゾートホテルがあったことを、今では知る人も少なくなった。

開業は万平ホテルより五年遅い一九〇〇年（明治三三年）で、創業者は、軽井沢宿で問屋兼旧本陣を経営していた佐藤熊六である。彼は、万平ホテルを開いた佐藤万平と親類関係にあり、その成功を見て、旧本陣の敷地を利用してより本格的なホテル経営に乗り出した。

外観は純西洋風の二階木造建築で、計三〇室の規模は、その後に建った三笠ホテルや前出の万平ホテルよりも大きく、当時の軽井沢では最大のホテルとなった。

当時の軽井沢ホテルの写真を見ると、愛宕山を背景に二棟の西洋館が立ち並ぶ堂々としたホテルで、軽井沢最大級のリゾートホテルであった。

この軽井沢ホテルは、一九〇五年（明治三八年）に、客室数を五三室に増室、約五〇坪の広さを誇る大食堂も建設するなど積極的な経営を行い、軽井沢社交界の中心となっていった。

軽井沢に滞在する諸外国の外交官や宣教師といった外国人達に混って、日本の政治家や財界人、それに芥川龍之介や室生犀星らの文士たちが、このホテルで夏を過している。

当時、社交界のサロンとしてこのホテルには「青い応接室」と呼ばれる広間があった。食堂として使われていた空間をビリヤード室と広いラウンジに改装したこの部屋は、部屋の中に青い絵が掛けられていたことからこう呼ばれたのである。

この「青い応接室」は、別荘族にとっての軽井沢の「応接間」として様々な著名人や文化人達に愛された。

例えば芥川龍之介は、現在も営業している旧中山道の軽井沢宿の入口にある旅館「つるや」に泊まり、万平ホテルのティールームでお茶を飲み、軽井沢ホテルのレストランで堀辰雄や室生犀星らと食事をし、「青い応接室」と呼ばれる部屋で、日夜文学論議を戦わした。

当時、軽井沢ホテルには、スイス人やドイツ人達、外国人客が大勢泊まり、国際的な雰囲気に溢れていた。そうしたハイセンスな雰囲気を好む芥川は、慣れたつるやに泊り、食事だけ軽井沢ホテルでとった。

ところが、夏のみの避暑客を対象とし拡大経営を続けたリゾートホテルは、逆に閑散期が苦しくなる。高原リゾートとしての軽井沢の中心的存在であった軽井沢ホテルも、こうした積極的経営が裏目に出て一九三八年（昭和一三年）に閉業の憂き目を見ることになる。

ホテル閉業後も旧本陣の敷地内には日本庭園と門が残されていたが、現在は、チャーチストリートと呼ばれるショッピングストリートとなっており、軽井沢ホテルを偲ぶものは何も残っていない。だが、その周辺を歩くたびに、かつての軽井沢ホテルの面影が今も偲ばれる。

万平ホテルと軽井沢ホテルという二つのホテルが競争を始めて間もなく、第三のリゾートホテルが建てられた。一九〇五年（明治三九年）に開業した三笠ホテルである。

旧三笠ホテルはかつて軽井沢と草津を結んでいた草軽電鉄旧軽ロータリーから、西に一直線の道が伸び、小瀬温泉方面への登山道路から始まるにあたり、右手のカラマツ林の中に、現在も懐かしい顔を覗かせている。

木造二階建て、重要文化財に指定された堂々たる歴史建造物である。ココア色の木肌を生かした外壁と屋根の赤い縁どりが、明治期の建物らしい明るさを強調し、それが周囲の深い森によく調和している。

当時のこのホテルの栄光を偲ぶものとしてシャンデリアのきらめく典雅なダイニングルームの大テーブルを囲み、談笑している有名な写真が現在も残されている。

中央にはホテルの経営者である実業家の山本直良、テーブル席左側には、当時公爵だった近衛文磨、その奥には侯爵徳川義親、テーブルの反対側には作家の有島武郎の顔も見える。

この一葉の写真はかつて三笠ホテルを舞台に展開された「上流階級」の豊かな暮しを雄弁に物語っている。

外人用のサマー・コテージとして開かれ、皇族や貴族たちの別荘も建ち並んでいた明治末期の軽井沢が持つ、一種の理想郷《ユートピア》的な雰囲気がそこには濃密に漂っている。

三笠ホテルは日本郵船・明治製菓役員だった山本直良が、当時、外国人に混って日本の皇族、貴族、政治家が次々と別荘を建てるのを見て、愛宕山麓の三笠地域約二五万坪を取得し、設計、監督、工事すべて日本人の手による木造の純西洋式ホテル第一号として建設したものだ。

設計は岡田時太郎。八角の西洋風塔屋をつくって荘厳な雰囲気を演出した。当時の軽井沢は別荘といってもバンガロー風のものが多く、そこに忽然と瀟洒な純西洋式ホテルが姿を現わしたことは当時の人々にとっても大きな驚きだった。

完成時の披露宴には、当時の海軍大臣山本権兵衛も出席し、ホテルの常連客には渋沢栄一、団琢磨、住友吉左衛門、乃木希典らがいた。

旧三笠ホテルは、現在も入館料を払えば内部が見学できる。

建物の中央にある玄関を入ると、右側の建物の一階がロビーである。

高い天井を支える重厚なトスカーナ式の柱や、中央に「三笠」のマークをあしらった木製のカーテンボックス、それに豪華なシャンデリアなどに、ありし日の三笠ホテルのスノッブなリゾート生活の雰囲気が現在でも漂っている。

玄関正面の階段を登ると、二階の左右と奥の部分が客室で、廊下の窓側には、午後のティータイムにでも利用したのか、木製の丸いテーブルとイスがさりげなく置いてある。

各部屋には、寝室とテラスの間に懸下式の間仕切扉があり、朝夕の寒さに対応できた。冷房は爽やかな戸外の空気を入れればよいが、暖房は各部屋にある暖房のみなので少しでも暖気を外に逃さぬよう工夫されていた。

給湯設備などない時代のホテルだから、入浴時ともなるとボーイが大きな金ダライに熱湯を入れ、廊下脇にある専用の出入り口からバスルームに入って、バスタブにお湯を張っていた。

蛇口をひねればすぐに熱いお湯が飛び出してくる現代のホテルから見れば、なんとも手のかかるサービスだが、当時はそれが軽井沢では最高のサービスであった。

日本の特権階級やブルジョワを相手にしたため、宿泊料金は万平ホテルの一・五倍の一泊一二円だった。

三笠ホテルは、木造建築ながら当時としては最もモダンな建物で、その豪華さと貴族趣味は人々の目を奪った。

三笠の奥にあるため、駅から馬車で送迎し、水源を利用して屋外プールも設けられた。

このように明治末期から大正初期の避暑地・軽井沢は、ショーとディクソンに始まる宣教師コミュニティの色彩を色濃く残したものだったが、それが次第に拡大し、英国以外の外国人も訪れる一種の外国人租界へと発展していった。そして、彼らと交流のあった日本人の上流階級や政治家、軍人らが加わり、国際的高原リゾートとして発展していくことになるのである。

一九〇六年（明治三九年）に営業を開始した三笠ホテルは、まさに拡大する国際リゾート地としての明治大正期の軽井沢のシンボルであった。

ブルジョワ化する別荘族

大正期に入ると、軽井沢はショーの時代の素朴な避暑地より更にインターナショナルになっていった。

大正元年に発行された佐藤孝一の『かるゐざわ』には、夏になると旧軽井沢メインストリートには英文の看板が並び、ロングドレスの西洋人が行きかい、英語、ドイツ語、フランス語など各国の言葉が飛びかい、コスモポリタンの街のようだと記されている。

こうして、外国のリゾート地を思わせる風景が生まれ、避暑地・軽井沢のステイタスは更に高まっていった。

一方で当時の軽井沢での避暑生活は、厳しい自然との戦いでもあった。

一九一〇年（明治四三年）八月に降り続いた雨で矢ヶ崎川が氾濫し、多くの外国人別荘を押し流す大洪水となった。

この洪水を教訓に、外国人達は高台の愛宕山の斜面に別荘を建てるようになった。同時に保水力のある木も植林して行き、現在残る旧軽井沢の深い森の風景が形成されていった。この頃、日本人の手により初期の素朴な軽井沢とは異なる華やかな別荘開発も進められていった。その象徴が、当時の有力政治家による別荘作りである。

一九一〇年（明治四三年）、時の総理大臣、桂太郎が別荘を新築した。これを契機に政界の大元老と言われた元首相の西園寺公望ら大物政治家も、相次いで軽井沢を訪れるようになった。

避暑地、軽井沢に要人が訪れることにより、日本人の間に軽井沢に対するステイタスが更に高まっていく。

時の要人が来訪することにより通信手段も整備された。一九一〇年、軽井沢に電話が開通し、翌年、電信事務取扱い業務増大により、軽井沢郵便局は佐久地方では唯一の二等郵便局に昇格した。そして国際的避暑地に相応しい洋館二階建て建築の郵便局新館も建設された。屋根に郵便マークの入った銅板製の鬼がわらを乗せ、板張の壁にガラス張りの窓を配した洋館建築は、外国人や別荘族の情報交換や文化の拠点となり、長く多くの人々に親しまれた。

一九一二年（大正元年）五月、碓氷峠の横川―軽井沢間のアプト式鉄道が日本で初めて電化されると、軽井沢一帯の別荘開発は更に進んだ。

一九一三年（大正二年）に後藤新平が約四万五〇〇〇坪を買収。翌年一九一四年（大正三年）には野沢組の創始者である野沢源次郎が離山から三度山にかけての土地約一六〇万坪を買収し、分譲地として開発を進めた。

野沢原は彼の名前を取って付けられ、道路が整備され、樹木も植えられて広大な敷地を持つ大別荘が次々と建てられた。

加賀百万石の前田家、旧津軽藩主の津軽家、徳川家、細川家といった華族の人々がそれを購入し、豪壮な別荘が次々と建築された。更に大隈重信、鈴木喜三郎、加藤高明、鳩山秀夫ら政界人も一帯に別荘を所有した。

野沢組の別荘地分譲と共に、富裕層の注文別荘建築を受け持ったのが、シアトルで建築を学んだ橋口信助である。

彼は、大正五年に徳川慶喜の九男・慶久別荘、細川護立別荘を建築。その後も大正八年に津軽承昭別荘、水戸徳川一三代当主、圀順別荘など瀟洒な洋館建築別荘を次々と建てていった。これらの洋館別荘は、橋口が東京・芝に興した洋風住宅会社の名を取って「あめりか屋建築」と呼ばれている。

また愛宕山山麓には三井財閥の益田孝（鈍翁）が二万坪にも及ぶ敷地をまとめて購入し、別荘群を建てた。

三井財閥は、三井三郎助が旧道の北側一帯の丘も明治三二年から別荘開発しており、その一部を日本女子大学に寄付し、大学の夏季施設の走りである三泉寮を建てている。

そして、明治三一年の大隈内閣で文相となり、その後、東京市長も務めた政治家・尾崎行雄も一九一四年（大正三年）に英国公使館近くに「莫哀山荘」と名づけた別荘を建てた。

尾崎はテオドラ夫人と子供達を伴い、毎年秋まで軽井沢で避暑生活を送った。このように、旧軽井沢の外国人別荘地一帯を取り巻くように周辺の山林が次々と日本人によって開発されていくのが、大正時代から昭和初期にかけての軽井沢の姿であった。

「紳士の社交場」としてのゴルフ、乗馬、テニス

外国人避暑客と日本人の上流階級の別荘族が軽井沢で夏を過ごすうち、交流の場として生まれたのが、ゴルフ、乗馬、テニスというスポーツだった。

紳士のスポーツといえば、まず、ゴルフを楽しむ。既に英米留学した人々やビジネスで欧米に渡航した人々は、ゴルフが「紳士のたしなむスポーツ」として行われ、社交の場になっていることを知っていた。

そこで一九二二年（大正一一年）軽井沢にもゴルフ場が造成されることになった。

野沢原一帯を開発した野沢源次郎が、約六万坪の土地を提供し、英国人ゴルファー、トム・ニコルの設計になる「軽井沢ゴルフ倶楽部」（旧ゴルフ場）がオープンした。現在のホテル鹿島ノ森の正面に広がる旧ゴルフ場である。

ゴルフ場の会長は徳川慶久、会員は六〇人で当時外国人の方が多かった。

外国人宣教師やその妻たちは、健康維持のためテニスやハイキングを中心に楽しんでいたが、実業家や外交官などが日本の要人との交流のためにゴルフを行ったのである。

当時、摂政官であった昭和天皇も訪欧時にゴルフを学び、軽井沢ゴルフ倶楽部オープンの際にプレーされた。そして、大隈重信の別荘に滞在され、ゴルフや乗馬を楽しまれた。

乗馬は徳川慶喜の孫で、徳川家分家の当主厚の次女、徳川喜和子のように幼い頃から乗馬が得意だった旧大名家の人々が主に楽しんだ。

英国の貴族を模範とし、軽井沢に自分の愛馬を連れていっては、野原を駆け回った。

その徳川家令嬢の美しい乗馬姿は、日本人のみならず軽井沢に避暑に訪れたアメリカ人やカナダ人の間でも人気があったという。

テニスは、軽井沢にコートができたのは明治時代と言われ、一九一七年（大正六年）に第一回軽井沢テニストーナメントが開催された。同大会は現在の日本のトーナメントで一番古い大会である。

当時は、テニスコートを軽井沢の別荘の庭に持っている家も少なくなかった。

一九一八年（大正七年）から翌年にかけて、旧軽井沢の二手橋北側にあった外国人所有の二軒の別荘を購入した三越社長・会長、帝国生命保険社長の朝吹常吉邸では、以前の別荘の持ち主で宣教師のチャペルが作ったテニスコートで、家族揃ってテニスに興じていたという。

夫の朝吹常吉はロンドン留学中にテニスを始め、国際試合にも日本人として初めて出場して、日

タリアセン敷地内に移築された旧朝吹登水子邸「睡鳩荘」の室内。　写真提供：軽井沢高原文庫

本庭球会（現・日本テニス協会）を創立すると、その初代会長に就いた。

朝吹は、別荘の庭のテニスコートに当時世界的プレイヤーだった原田武一らを招き、家族でテニスの練習に励んだ。その甲斐あって妻の朝吹磯子は、全日本女子ダブルス選手権のタイトルを取った。

その娘が、フランス文学者としてフランソワーズ・サガンの『悲しみよ　こんにちは』等の翻訳を行ったフランス文学者の朝吹登水子である。

軽井沢でのテニスは、軽井沢会のパブリックコートで行われていたが、日曜日はキリスト教の安息日となって開かれないため、当時のプロ選手は、朝吹家のテニスコートを使って練習に励んでいたのである。

朝吹家では、子供達に英国式の生活を学ば

せるため、英国人の小学校教師ミス・デイジー・リーを家庭教師として招き、昼間に別荘の庭を使って当時の上流階級の子弟や英米人の貴族を呼んで、英国式のティーパーティを開いた。ここから軽井沢では、別荘の庭で昼間にガーデン・パーティを催す習慣が広がった。

朝吹常吉に代表される実業家の軽井沢暮しは、明治から昭和にかけて日本の資本主義社会で力をつけてきた財閥系のブルジョワジーが、軽井沢の上流社会に入ってきたことを象徴するものだった。

大正期に入ると、別荘地開発と並んで国内資本による軽井沢周辺の観光地開発が進んだ。

一九一九年（大正八年）に近藤友右衛門が碓氷峠付近の原野一〇町歩を購入し、現在も残る見晴台展望台とした。同年、東武鉄道の根津喜一郎は、矢ヶ崎山麓の一〇〇万坪の土地と三度山一帯一〇万坪を購入し、別荘を建てて貸別荘を始めている。

翌一九二〇年（大正九年）には、西武グループの創始者、堤康次郎が鬼押出しの土地約八〇万坪の払い下げを受け、発地地区一帯の約一二六万坪も買収した。

こうした動きを見て、地元・佐久岩村田の製糸業者、星野国次も、一九〇四年（明治三七年）に沓掛宿の北二キロに広がる浅間山麓の原野を入手し、星野温泉を開業。大正期に敷地内で別荘開発を行うようになった。

一方で、大正時代になると明治中期に軽井沢に避暑に訪れた第一世代の外国人達が、次々と世を去り始めた。

そこで軽井沢を愛し、避暑地の発展に貢献した外国人達が眠る場所として、六本辻に近い「軽井沢霊園」の一角に外国人墓地が建立されることになった。外国人墓地は現在も離山を望む六本辻に近い一画にある。現在も静かな風情が残され、軽井沢を愛した多くの外国人がここに眠っている。

別荘族は、ゴルフ、乗馬、テニスというスポーツにのみ興じていたわけではない。涼しい夏の軽井沢の気候を利用して勉学に励もうという学者や学生達を集め、様々な教育の場とする試みも各地で行われた。

例えば、後藤新平は、野沢組の野沢源次郎を説き伏せ、南原にある約一万坪の土地とあめりか屋建築による講堂を建て、一九一八年（大正七年）に「軽井沢通俗夏季大学」を開校した。初代学長は、アメリカで学び、農学博士と法学博士号を持つ新渡戸稲造で、魅力ある一流講師陣とテーマを用意し、文化講演と英語による講義の二本立てによるハイレベルな教育が行われた。

日本女子大学の三泉寮のように、軽井沢に夏季寮を置き、自然の中で滞在しながら子女の教育を行う学校も増えた。

三泉寮は、女子大学創立運動の激務で体調を崩した日本女子大学初代校長の成瀬仁蔵が、同大学の創立委員の一人であった三井三郎助の招きを受け、軽井沢の三井家別荘で思索と静養の時を過したのがその設立の発端だった。成瀬はかつてアメリカで夏期学校に参加した経験があり、軽井沢の豊かな自然にそれと似た空気を感じとって、三郎助に別荘用地を広く開放するよう求めた。

それに賛同した三郎助が、広大な敷地内に寮舎を建てて日本女子大学に提供した。この三泉寮も建物は現代的になったが、今でも旧軽井沢の森の一画にひっそりと佇み、当時の歴史を偲ばせている。

軽井沢の村長、ダニエル・ノーマン

明治中期から大正時代にかけて、カナダ人宣教師ショーが拓いた避暑地・軽井沢はこのようにリゾート地として急速に拡大していった。

当然、中核をなす外国人コミュニティも大きな変貌を余儀なくされた。それを巧みにまとめ上げ、今日残る旧軽井沢の町の原型を作ったのが、「軽井沢の村長さん」として知られるカナダ人のメソジスト教会宣教師、ダニエル・ノーマンである。

ダニエル・ノーマンはショーと同じカナダ人で一八九七年（明治三〇年）カナダのメソジスト教会宣教師として、日本に派遣された。

当初、金沢や東京で伝道を行った後、一九〇〇年（明治三三年）に長野に赴任し、当地で最初の本格的な純洋風建物の宣教師館を建立する。昭和八年まで三二年間の布教生活を送り、その間、明治三一年から毎夏、軽井沢で避暑生活を過した。

ノーマンが軽井沢を訪れたのは、カナダ人の宣教師であるショーを頼ってのことで、当時、軽井沢には、ショーを始めとするカナダ人の宣教師グループの他、ディクソンら本国の英国人グループがいた。

ショーの属する英国国教会は、讃美歌を聖歌と呼び、聖餐式と呼ぶ儀式を重んじるなどカトリック的で、プロテスタントとは様々な点で異なる。

宣教師も、布教を担当する各管区があり、長野県中部はカナダが、南東京を含む関東南部はイギリス本国から派遣された福音伝道教会が布教を担当していた。

カナダ人のショーの場合は、英国から派遣され、カナダ人の布教区域である長野中部の軽井沢に避暑生活に訪れた。そこに英国国教会の礼拝堂を建てたため、東京や横浜に住む英国国教会の宣教師や軍人、医師などが、ショーの別荘を訪ねる形で、軽井沢を訪れたのである。

しかし、教区としてはカナダ人宣教師が担当する場所であったため、英国国教会以外のプロテスタント各派は合同礼拝所を軽井沢に建てる必要があった。その建立に参加したのが、ノーマンであった。一九一八年（大正七年）、今日残るユニオン・チャーチが建てられる。

初期の建物は、碓氷峠の鉄道工事を指揮した、英国人の鉄道技術者達が集ったクラブとして利用されていたものである。当時内部ではイングリッシュ・ビリヤード等に英国人が興じていたが、鉄道工事が完成すると、礼拝所として使用した。これを移築して、ユニオン・チャーチとしたのである。その後、ノーマンの属するカナダ・メソジスト教会からの資金援助を得て、アメリカ人建築家W・H・ヴォーリスが増築を行い、一九一九年（大正八年）にほぼ現在の形となった。

このユニオン・チャーチは、宣教師の集会に使用された他、当時、軽井沢で最も大きな会堂のため、夏の間音楽会や講演会などが催され、別荘族からオーディトリアムと呼ばれ賑わった。

ノーマンは、旧軽井沢にある旧道商店会の人々に布教を行っただけでなく、別荘地内の通路に通り名を付け、道標を立てて、街灯なども整備し、軽井沢の町づくりに貢献した。

そして、増え続ける外国人の別荘族と日本人の別荘族が森の中で共存する国際的なリゾートの枠組みを作るため、外国人代表となって、日本側との交渉にあたった。

当時ノーマンは「軽井沢の村長さん」と呼ばれ、人柄に加えてその功績は、今日の別荘地・軽井沢の原型を作った人物として再評価されている。

ノーマンが軽井沢を訪れた頃、公益委員会と呼ばれる自治会組織があり、村人達との交渉や避暑生活を送る上での諸問題の対応に当たっていた。しかし、別荘の急激な増加により、組織を改編する必要に迫られることになり、一九一三年（大正二年）「軽井沢避暑団」が設立され、三年後に財団法人として発足した。

その発起人となったのが、ノーマンと明治学院高等部長のデビット・C・ライウ、日本側から立ったのが八田裕次郎ら三名のメンバーだった。この「軽井沢避暑団」は、快適な避暑生活を送るための環境を守り、軽井沢を「保健の聖地」とするもので、「避暑団」の精神が、後の「軽井沢会」へと受け継がれていく。

設立委員には、ノーマン他、近衛文麿、小坂順造、朝吹常吉といった日本人別荘族が加わった。「軽井沢避暑団」がノーマンらによって結成されたのは、役場・警察・業者などとの交渉のため、自治会的な組織をつくる必要が生じてきたためだった。

そこで当初、外国人避暑客の間に「公益委員会（Public Utilities Committee）」という組織がつくられた。これは、毎年委員をえらび、保安防災、風紀衛生、道路郵便、日用品購入、娯楽運動など夏期滞在者共通の利益にかかわる問題と取り組むものである。やがてこれを恒久的な団体にしようという動きがおこってきた。それが、軽井沢会の前身「軽井沢避暑団　The Karuizawa Summer resident's Association K. S. R. A」の起源となった。

財団法人軽井沢会が毎年発行しているハンドブックによると、「年々避暑客ノ増加ニ伴ヒ、地方官庁トノ交渉関係ノ頻繁ヲ加フルヲ以テ、大正二年（一九一三年）ノ総会ニ於テ一層永久的団体ヲ組織スルノ得策ナルヲ認メテ、ココニ『軽井沢避暑団』ノ名儀ヲ以テ一団ヲ組織スルコトヲ決議シ、毎年一円ヲ支出スルモノハ内外人ノ区別ナク、総テ本団員タルコトヲ得ルコトトセリ」と記録されている。軽井沢避暑団は、大正五年（一九一六年）一二月一日、内務大臣から財団法人設立の認可を得て成立された。財団設立当時の理事はつぎの九名である。

J.C. Robinson（英）　名古屋
八田　裕次郎（日）　東京
F.A. Lombard（英）　京都
R.A. Thomason（英）　神戸
藤島　太麻夫（日）　東京

J.J. Chapman（米）　京都
Daniel Norman（英）　長野
C. W.Iglehart（米）　東京
島田　三郎（日）　東京

財団の基本財産となった約四〇〇〇平方メートルの土地は、財団設立出願者であったライク（D.C.Reigh）、ノーマン（D.Norman）両氏の寄付によるものである。

軽井沢避暑団では、テニスコートでトーナメントを催し、火曜日にはコンサートをひらいて娯楽を提供した。またマンロー病院と呼ばれる診療所を設けて夏期滞在者の求めに応じた。

一方で、家族や子供のための遊戯、ゴルフ、水泳、散策などのレクリエーションにも力を注いだ。但し、安息日である日曜日にはテニスコートの使用はかたく禁止されていたようだ。また道路・排水・電灯・治安などについては、委員会を設け、郡役所、村役場、警察などと交渉した。

次いで大正一一年（一九二二年）、朝吹常吉氏、福井菊三郎氏など、日本人有志一四名の拠金によって、「軽井沢集会堂　The Karuizawa Hall」が建てられた。

この集会堂の運営はK・S・R・Aとは別個に「軽井沢集会堂」という団体の手で行われた。

当時は、両団体兼任の人が多く、共用の「連合会員券」も発行されていた。

軽井沢避暑団の会員は内外の夏期滞在者に限られていたが、集会堂の会員は、地元の人も会員になれる点が異なっていた。

こうして今日の別荘地・軽井沢の基礎ができあがった。

大正から昭和初期にかけての、軽井沢は毎年、内外の避暑客で賑わった。

昭和一一年（一九三六）には「避暑地軽井沢五〇年」を祝い、「軽井沢避暑団」では、八月八日、「軽井沢集会堂」および「軽井沢町」と共催で、午前九時半から諏訪の森で祝典を挙行している。そしてショー氏記念碑まで、人力車をつらねてパレードを行い、記念碑に花束をささげた。夜は万平ホテルで晩餐会をひらき、提灯行列、仕掛花火なども催された。

記念式典が行われた当時の軽井沢では初期の外国人コミュニティがまだ健全に残り、日本人の別荘族も理想を持つ人々が数多く集まった。明治末期から大正期にかけてのこうした軽井沢の情景を、一種の理想的な国際避暑地のロマンとして古い別荘族の人々は今でも懐かしむ。

第三章

変わり行く避暑地とリゾート開発

軽井沢の主、尾崎行雄

一八一四年（大正三年）七月軽井沢に、初めて電灯が灯った。

翌年、草津軽便鉄道が新軽井沢—小瀬間で営業を始め、大正一五年末に草津までの五五・五キロの全線が開通した。大正五年には、前述の軽井沢避暑団が結成され、同一一年には軽井沢集会堂が完成し、旧ゴルフ場も誕生して、一八二三年（大正一二年）、軽井沢はそれまでの東長倉村から軽井沢町へと改称し、名実共に「避暑の街」となった。

その頃の軽井沢の良さについて、旧軽井沢から碓氷峠へ向かう登り口の右側に、約五万平方メートルもの敷地を持ち、「莫哀山荘」という山荘で一夏を過した政治家の尾崎行雄は、他の場所と比べて次のような点が優れていると随筆『山荘閑話』の中で述べている。

❶軽井沢は、箱根、中善寺に比べ最も湿気が少ない。
❷原野が広く乗馬を楽しむ事ができる。
❸地質的に雨後も道がぬかるみにならず、愉快に散歩できる。
❹草木の種類が多く、早朝の散歩では香水でも散布した王者の庭園にでも遊ぶような心地がする。
❺減ってはいるが、キジ、ヤマドリなどの野鳥が多い。
❻日光に避暑する外国人は外交官や富豪が多く礼式などにうるさいが、軽井沢は宣教師、教師

など質素な知識階級であるため気楽だ。

❼盛夏よりも、むしろ春光及び初夏の風光が美しく、紅葉上の初雪も捨て難い。

尾崎行雄は、一九〇三年（明治三六年）三月の総選挙後に、伊藤博文の推薦で東京市長となったが、激務の中で最初の夫人が病死し、大きなショックを受けた。

一年後、尾崎英子と結婚する。英子は、英国名をテオドラといい、父親は明治政府で法制の整備にあたっていた尾崎三良である。尾崎は英国留学中に、英国人女性バチア・モリソンとの間に子供をもうけた。それが英子で、父を追って来日し、尾崎と出会った。

二人の結婚式は、日本聖公会聖アンドレ教会で行われ、尾崎は英子との縁で、当時の在日欧米人社会と交際を持つようになった。

軽井沢に別荘を持ったのも英子の勧めで、当初は明治学院教師セオドア・マクネア所有の別荘を借りた。この別荘をマクネアと共に借りたのが、教師のミス・アレキサンダーで、日本にやってきた英子が最初に世話になった人物だった。

尾崎は、晩年、信州の池の平の楽山荘に住むようになるまで、三〇年余を毎年夏から秋にかけて軽井沢で過した。そのため尾崎は「軽井沢の主」と呼ばれることになる。彼が後に建てた別荘「莫哀山荘」も、当時数多くの財界人が訪れたことから軽井沢の名所となった。

昭和初期の軽井沢には、軽井沢避暑団の集会堂で音楽会、映画会、講演会などが開かれ、子供の林間学校なども開かれた。

スポーツとしては、野球場や軽井沢避暑団のテニスコートが利用された他、夏の間は南軽井沢に周囲一二〇〇メートルの競馬場が設けられ、避暑客の楽しみとなっていた。

ゴルフ場は、離山の北にある旧ゴルフ場が一九二二年（大正一一年）に完成していたが、9ホールと狭かったことから、18ホールの本格的なコースの造成を求める声が避暑客から挙がった。

そこで、一九三〇年（昭和五年）に「財団法人南丘会」が組織され、山林王と呼ばれた雨宮家所有の約五六万坪（約一八五ヘクタール）の土地に18ホールの新ゴルフ場を作ることになった。

発起人は、三井財閥の三井弁蔵の他、近衛文麿、細川護立、小寺健吉、鳩山一郎ら当時の政財界の大物が名を連ねた。

「軽井沢ゴルフ倶楽部」（新ゴルフ）は、一九三三年（昭和八年）にオープンし、同時に周囲の二〇万坪を別荘地として分譲した。これが現在の南ヶ丘エリアの別荘地の始まりとなった。

拡大するリゾート開発

昭和初期から第二次大戦前までの軽井沢は、旧軽井沢以外の各地域で別荘地開発が急速に進んでいった。

一九三三年（昭和八年）、軽井沢出身の政治学者、市村今朝蔵は、学者仲間の松本重治、蠟山政道、我妻栄らに呼びかけて、南原一帯に研究者たちの別荘を建て、「南原友達の村」と名付けた独自の別荘コミュニティを作った。

市村は、別荘の集まる中心にコミュニケーション・センターを設け、北側に学習所兼集会場を建て、当時まだ若い学者たちの学習所とした。また、南原別荘の集会所としてもこの施設を使うなど、外国人宣教師の避暑地として発達した旧軽井沢とは異なる日本人中心のオープンで開放的な別荘地創りを目指した。

市村記念館は〝雨宮御殿〟と呼ばれる雨宮敬次郎の広大な別荘地の中に移築され現在も残る。軽井沢・南原の別荘地としての開発に尽力した市村今朝蔵・きよじ夫妻の歩みと、明治・大正・昭和・平成の軽井沢の歴史を見つめてきた建物である。

旧軽井沢に復元・移築されたショーハウスとは異なり、こちらは日本人の大正期から昭和期の軽井沢での暮しを偲ばせる。

建物自体はもともと大正期に建てたもので、大正ロマンの香りが色濃く漂っている。

当時この別荘は、野沢原にあり大正七年（一九一八年）野沢源次郎が分譲したアメリカ式別荘で、首相もつとめた政治家の近衛文麿が第一号別荘として大正一五年（一九二六年）に購入した。

建物の周囲には、旧雨宮敬次郎の豪邸の名残りを留める雨宮池があり、周囲は深い木立ちに覆われており、敷地内から望む浅間山の眺望も見事である。

旧雨宮邸内の敷地は、約九万五〇〇〇坪（約三三万ヘクタール）あり、三棟の木造建造物と木造倉庫、そして奥にある池畔近くに市村記念館が建っている。

ケヤキ造りの表門近くの建物は一八六四年（明治一七年）頃に建てられたもので、倉庫も明治二〇年頃に建てた古い建築だ。周囲には、樹齢二〇〇年ともいわれるイチイの木を始め、豊かな緑が当時のまま残されている。この雨宮御殿と市村記念館はまだ観光客にも知られておらず、敷地内を散策しながら、大正から昭和初期の軽井沢での暮しを偲ぶには、絶好の場所である。

市村今朝蔵・きよじ夫妻は昭和七年に近隣から譲り受けた別荘の一棟を昭和八年（一九三三年）、自分たちの居宅として、南原に移築し、南原の家は、政治学者であった今朝蔵の学究の場として、また夫妻による南原の理想の別荘地作りの活動拠点となった。

ここで、市村今朝蔵・きよじ夫妻の人生と業績を振り返っておこう。

市村今朝蔵は明治三一年（一八九八年）、北佐久郡東長倉村（現軽井沢町）に生まれた。一家は上高井郡相之島（現須坂市）の出身で、今朝蔵の伯母が雨宮家に嫁いだことから、今朝蔵は雨宮家の別荘で暮し、軽井沢との縁が深まった。上田中学（第一五回卒業、現上田高校）から、早稲田大学に進み、大山郁夫について政治学を学んだ。

きよじは明治三五年（一九〇二年）、長野県南佐久郡平賀村（現佐久市）に、山岡製糸工場の娘として生まれ、上田高等女学校卒業後、大正一二年（一九二三年）四月、今朝蔵と結婚した。夫妻は今朝蔵の留学と共に三年間の海外生活を送り、帰国後は軽井沢と東京を行き来する生活が続いた。

今朝蔵は、五〇歳で引退後、軽井沢で研究生活に没頭し、そこに仲間が集えばなお楽しいとの考えから「友達の村」づくりを計画した。昭和七年（一九三二年）から軽井沢南原で分譲が開始されると、今朝蔵に賛同した仲間が集まり、昭和八年（一九三三年）から別荘が建てられた。

今朝蔵に声をかけられた学者仲間たちが次々と参加を決め、昭和七年（一九三二年）、電灯、道路等の整備を含め、他の別荘地が坪あたり五円の時、坪あたり二円での分譲が開始された。

入村者は当時の日本の知識人を代表する人々で、その別荘村で夏を過した子供達の多くは、現在日本のリーダーとして活躍している。

「友達の村」は、共同管理、事務所での日用品の販売、共同で乗用車を買い入れ必要に応じて料金を払うシステムなど、現代にもつながる画期的なしくみを次々と作り出した。

南原では別荘の間に垣根を作らず村民同士が開放された土地の中で協力しながら暮す、まさに新しい別荘地「コミュニティ」を実現したのである。

今朝蔵は長年、日本女子大学教授を務め、昭和二四年（一九四九年）、妻きよじとともに戦争で中断していた「軽井沢夏期大学」の再開にも尽力した。

昭和二五年（一九五〇年）四月から早稲田大学教授に就任後、そのわずか二ヵ月後の六月九日に享年五一歳で亡くなった。

学者肌の夫今朝蔵のもと、市村家を支えていたのは妻きよじである。

きよじは夫と共に南原の別荘地を開発し、その管理・運営にも惜しみなく力を注いだ。

欧米生活で良い意味での合理主義・民主主義を身につけたきよじは、虚飾を嫌い実用を重んずる女性だった。

　軽井沢と東京を往復しながら、彼女は夫である今朝蔵に、そして軽井沢開発に尽くしながら、一男三女（英男、米子、澄江、令子）を育て上げた。

　平成六年（一九九四年）一一月二八日、九三歳で大寿を全うしたきよじは、軽井沢の文化・教育の向上に尽くした功績から平成元年（一九八九年）名誉町民に推挙されている。

　きよじは夫の死後、市村の離山の土地を町へ寄贈し、昭和五一年（一九七六年）には図書館が、昭和五五年（一九八〇年）には軽井沢資料館が建てられた。

　その設計は娘婿の三輪正弘があたり、図書館は昭和六〇年（一九八五年）第一回日本図書館協会建築賞において「街の性格を生かしたユニークな図書館」として特定賞を受賞している。

　今朝蔵は、また新ゴルフ場の開発にも尽力し、計画用地に住む農民を説得し、新しい土地と家を用意して引っ越すように働きかけるなど、多くの功績を残した。

　そして妻のきよじも、夫の死後、南原別荘地の開発の後、隣接する中軽井沢の上ノ原地区の別荘開発にも着手し、学者中心の南原に対し、壺井栄、井上靖、中野重治、源氏鶏太らの作家達を集め、上ノ原文士村と呼ばれる別荘地を開発している。

　このように、市村今朝蔵・きよじ夫妻は、日本人学者として、軽井沢という環境を愛し、そこに理想の村を実現しようとした。

外国大使館ヴィレッジ

昭和初期、旧軽井沢の外国人コミュニティには、夏の間、華やかな話題が相次いだ。

一九三一年（昭和六年）、世界初の大西洋横断飛行に成功したリチャード・リンドバーグが軽井沢を訪れると、避暑中の外国人や新渡戸稲造を始めとする知識人を招いて、軽井沢ホテルで華やかなパーティが催された。

また、一九三三年（昭和八年）駐日アメリカ大使のジョセフ・グルーは、親善と外交のため、軽井沢に頻繁にゴルフに訪れ、ハリウッドの人気スター、ダグラス・フェアバンクスが来日した際も、共にゴルフを楽しんだ。

新たな外国人宣教師も来日した。

一九三〇年（昭和五年）に軽井沢を訪れ軽井沢ホテルに宿泊した英国人のウォワード神父は、カトリック教徒のためにも夏だけでも礼拝堂が必要として、広場に聖台を設けてミサを行った。

その五年後、ホテルの両側の森を借り受けて、アントニン・レイモンドの設計による「聖パウロ教会」を建てた。建築工事には日光東照宮の宮大工や地元の大工たちがあたり、アメリカの建築学会から賞を受けた。

一九三六年（昭和一一年）、ショーとディクソンが軽井沢で避暑生活を送ってから五〇年を記念する式典が、ユニオン・チャーチ裏手の諏訪の森で行われた。

外国人達がスワンレイクと呼んだ雲場池。池畔には、戦後まで営業した軽井沢ニューグランドロッジがあった。現在は、紅葉見物と散策の名所。　写真提供：軽井沢高原文庫

軽井沢避暑団、軽井沢集会堂、そして軽井沢町の主催による式典が行われ、名誉総裁である尾崎行雄が演説、ショー氏記念碑までの祝賀パレードや、記念のテニス試合、万平ホテルでの祝賀晩餐会が開かれた。この際、軽井沢の発展に尽した、ジェームス・チャペルやヴォーリズなど多くの外国人がその記念パレードに加わった。

当時、世界ではナチス・ドイツの勢力拡大やスペイン内乱などの出来事が勃発し、国内でも二・二六事件が起るなど、緊迫した社会情勢が続いた。そのためこの記念パレードが平和な時代を象徴する最後の式典となった。

一方で軽井沢周辺のリゾート開発は更に進んでいった。昭和一〇年、押立山の山頂に堤康次郎が円形のピークホテルを建て、その山麓に軽井沢スキー場をオープンした。雲場池

の畔には、横浜のニューグランドホテルが進出して、軽井沢ニューグランドロッジを建設した。敷地内にプールやダンスホールを持つこのロッジでは、別荘族によるダンスパーティなどが行われ、外国人と日本人の避暑客が大勢集まった。

そんな軽井沢にも昭和一〇年代を過ぎる頃から、当時、日本の同盟国となったドイツ人の家族が目立つようになる。代りにそれまで多かったアメリカ人の数は次第に減少していった。昭和一一年に日独防共協定が成立すると、昭和一三年にヒトラー・ユーゲントが軽井沢を訪れ、各地を行進した。

昭和一六年一二月、真珠湾攻撃が行われ第二次世界大戦が勃発すると、軽井沢は在日の枢軸国、中立国の疎開地に指定された。一般の外国人二千数百人が軽井沢に疎開し、外務省も軽井沢出張所を設置して、外国人保護にあたらせた。

戦争末期の東京大空襲の後、軽井沢には多くの外国大公使館が移転してきた。ソ連大使館、フィリピン大使館、スペイン大使館、トルコ大使館、ポルトガル公使館が移り、近くにドイツ大使館が移転した。

また旧道にはチェコスロバキア大使館、フランス大使館、中華民国大使館が移り、前田郷にはスイス公使館、尾崎行雄の莫哀荘にはイタリア大使館が移転し、約三〇〇人の外交官が終戦時まで軽井沢に滞在。このため戦争末期の軽井沢は一時期、「外国大使館ヴィレッジ」と化していた。

そして、終戦。日本が連合国軍に全面降伏したポツダム宣言受託の電報は、前田郷のスイス公使館から八月一〇日に米国、中国に、スウェーデン公使館からは英国、ソ連に向けて打電された。当時軽井沢に疎開していたフランス、チェコ、オーストラリアの各公使館では終戦を祝うパーティがいち早く行われていた。戦時中、軽井沢に住む外国人、日本人の一部には玉音放送より早く、終戦の情報が伝わっていたことはよく知られている。まさに軽井沢は「日本の中の異国」であった。

アメリカンリゾートと化した戦後の軽井沢

軽井沢の「戦後」は、戦勝したアメリカ軍将兵の「保養地」として始まった。時代の大きな変化を感じさせたのは一九四五年（昭和二〇年）九月一五日、上田、長野を経て新潟、東北地方の視察に立ち寄ったベンゾム中佐以下、一六人の将兵が五台のジープに乗り、軽井沢入りした風景だった。

戦地での疲れを取るためアメリカ軍将兵は、まず千ヶ滝にあったグリーンホテルと音楽堂を接収した。

更に雲場池のほとりにあったニューイングランドロッジ、三笠ホテル、南軽井沢の根津別荘をホテルにした晴山ホテル、万平ホテルなどの各ホテルも進駐軍の一般休養施設として次々と接収した。三笠ホテルにも憲兵隊が駐留し、現在のプリンスホテル西館の前身にあたる晴山ホテルも米軍家族用のホテルとして接収され、日本人の利用は許されなかった。

戦後、軽井沢に進駐してきたのは、熊谷に駐留していた米軍の第八軍第九七師団だった。ホテルのほかに第百銀行頭取の川崎肇の別荘や軽井沢新ゴルフ場のクラブハウスも接収され、使用された。

ドーミーハウスと呼ばれた別荘を第八軍司令官宿舎とし、前田侯別荘はマッカーサー元帥別荘とした。

他にも、津軽侯、新渡戸別荘といった別荘三七軒が、高級将校用施設として接収されていった。

この当時、約二〇〇人から三〇〇人の米軍人が占領政策の合間を縫い、軽井沢に保養に訪れている。彼らは、雲場池畔にあったニューグランドロッジを共同レストランとして利用。町内の各宿泊施設を回ってレストランまで送迎する巡回バスも軽井沢を走り回っていた。

こうして、終戦後の一時期、軽井沢全体は巨大な「アメリカンリゾート」として作り変えられていったわけである。

米軍はバスルートにあたるニューグランドロッジから、軽井沢駅、万平ホテル、サンセットポイントと呼ばれた見晴台までの軟弱な道路に砂利を入れて固定するよう、当時の日本政府に命じた。

主なホテルの施設改良は、進駐軍の費用で行われ、宿泊定員の七割を年間使用料と計算し、それに見合った従業員と物資の確保も米軍が要請した。

「進駐軍御用達」として、東京の建物業者が斡旋した大別荘では、畳を上げ、床を張り替え、消毒して濃いアメリカン・ブルーのペンキが塗られ、新しい納戸も付けられた。アメリカのリゾートに不可欠なプールも、将兵らの希望で設けられた。場所は、雲場池近くに御膳水を引き込んで造られ、飛び込み台まで備えていた。だが、水があまりに冷たかったため、三笠ホテル裏に石積みのプールを造成することになったという。ここでは涌水をドラム缶で温めるなど苦労を重ねた上、温水プールをオープンさせている。

旧ゴルフ場はホテル、大別荘と共に接収され、乗馬用の放牧場となった。敷地内には馬小屋も建てられていた。また、現在の六番コースには、東京と軽井沢を結ぶセスナ機の滑走路まで造られた。

やがて、この飛行場で、事故が起こったため、軽井沢から南に延びる二十間道路（現プリンス通り）の南半分を〝臨時飛行場〟とし、セスナ機着陸の連絡が入ると警察が道路を一時遮断して、飛行場の離発着を助けていた。現在の軽井沢ではとても信じられないような出来事が当時は普通に行われていたのである。

ところが、臨時飛行場のままでは占領軍も不便なため、当時、地蔵ヶ原と呼ばれていた南軽井沢の湿地帯を飛行場用地に選び、所有者の箱根土地株式会社（現国土計画）の社長だった堤康次郎と交渉した。

そして占領軍の手で地面を掘り下げ排水した後、浅間山の砂利を敷き詰め、現在の72ゴルフコース西コースに「軽井沢飛行場」をオープンさせた。

この軽井沢飛行場は、昭和二七年の講和条約締結まで約三年余り、東京～軽井沢間を僅か二五分で結ぶ米占領軍の将校専用飛行場として利用されていた。

当時、軽井沢飛行場を利用できるのは高級将校に限られており、一般米兵は、軽井沢駅に設けられた専用事務所と改札口を通り、鉄道で軽井沢へ休養に訪れた。

アメリカ軍による接収には、様々な功績もあった。その代表例がウィンター・シーズンのリゾート開発だった。

旧軽井沢のテニスコートに水を張って凍らせ、冬のスケートを始めたのも、進駐軍と呼ばれた米占領軍の兵士である。

万平ホテルに滞在したマドックス中将は、冬の軽井沢を気に入って滞在したいと要望し、同ホテルでは、井戸を掘って冬期の用水を確保した。また寒さ対策として客室の窓を二重にし、二〇〇ボルトの電気を変電所から引いて、冬部屋に電熱器を置くなどの対策を行った。

その結果、軽井沢には冬も滞在できるようになった。

こうした進駐軍による接収はある意味で、戦後大衆化する庶民のリゾートとしての軽井沢の姿を先取りしたものであった。

当時、旧軽銀座には米軍向け土産物屋が店を開き、軍人向け貸馬業、貸オートバイ業なども顔を出していた。また、軽井沢会の建物では毎週土曜日に、占領軍主催のダンスパーティも行われた。

そして、米軍の接収解除と共に「戦後」の軽井沢が幕を開けた。

昭和二一年六月にグリーンホテルがいち早く解除となり、同年の八月から営業を再開した。戦争中の軽井沢には、戦乱を避けて東京や横浜から疎開してきた別荘族も多かった。彼らは寒い冬も「軽井沢ストーブ」と呼ばれる鉄板製のストーブを頼りに多数常住していた。戦災で東京の家屋敷を失った別荘族の中には、終戦後に軽井沢の別荘を解体し、東京に運ぶ人まで出てきた。

昭和二四年に飛行場にもなった旧軽ゴルフ場が接収解除され、一〇〇名の有志でゴルフクラブも再発足した。

こうして少しずつ、かつての軽井沢での避暑生活が再開されていく。

去っていった連合軍軍兵に代わって、戦後の「避暑地・軽井沢」のシンボルになったのが、皇室の軽井沢滞在であった。

宮内庁は当時の皇太子（現天皇）の英語教師を昭和二一年四月から務めていた米国人のエリザベス・ヴァイニング夫人のために、昭和二二年から三井家の別荘を借りて、夫人に提供することになった。

皇太子は昭和二四年にこの別荘に滞在し、昭和二五年から千ヶ滝プリンスホテルで毎夏を過ごした。天皇陛下によるこの軽井沢滞在が、戦後の軽井沢にまた新たな時代を拓いていくことになる。学習院の学友たちと軽井沢を度々訪れた若き天皇陛下は、峠の茶屋の東大火山観測所や鬼押出しにドライブに出かけ、小諸の布引観音までピクニックを試みたり、三笠ホテル内のコートでテニスに興じた。

そして東京と違って制約の少ない軽井沢で自由な「青春時代」を謳歌された。

翌年から天皇陛下は堤康次郎から貸し上げされた旧プリンスホテルに滞在し、ヴァイニング夫人の許に英会話の学習に行ったり、乗馬やテニスを楽しまれるようになるのである。

美智子皇后も終戦時、軽井沢の祖父母の別荘に疎開して、軽井沢の国民学校に通われた。

美智子皇后の正田家は戦後、父親が南ヶ丘に別荘を購入し、皇后も高校入学後は毎夏をその別荘で過した。

昭和三二年の八月には、軽井沢会のテニスコートで、皇太子と早大生ペアと美智子皇后と一三歳の外国人少年のペアが戦い、これがきっかけとなって軽井沢と東京で度々テニスを楽しまれるようになった。

その後、皇太子による説得もあって、翌昭和三三年一一月にご婚約が発表される。

これをマスコミ各社は「テニスコートのロマンス」と報じ、軽井沢に新たなテニスブームが到来することになった。

独自の路を開拓した星野リゾート

軽井沢では戦後にプリンスホテルが急成長した。そして現在、全国リゾートホテル、旅館の運営会社として急速に力を伸ばしているのが、星野リゾートグループである。

その創業の地は旧信越本線の軽井沢駅から一つ目の沓掛駅（現・しなの鉄道、中軽井沢駅）から北に二キロの地にある。

星野家は、佐久市岩村田で生糸業を営んでいた二代目星野嘉助が購入した浅間山麓の湯川沿いの山林から始まった。

初代・星野嘉助は、岩村田で大丸屋という鮮魚や日用品を扱う大型商店を営んでいた。彼は鮮魚を扱う仕事が嫌で、駆け落ちをして家を出、生糸業を始めた。

それを成功させたのが二代目嘉助だった。

嘉助は当時ニューヨークにも支店を開設する程の商いを行った。そうして資金にゆとりができると、外国人の避暑地で賑わい始めた旧軽井沢から一駅離れた現在の地、約三〇万坪の山林を買い占めたのである。

ところがほどなく、生糸相場は暴落し、中軽井沢の山林のみが残った。

星野家はこの山林に夢を託し、最初は製材業を興し、後に敷地を流れる湯川に注目して、温泉を拓き、旅館経営とホテル経営、そして別荘地開発を行っていった。

星野家は、代々星野嘉助を襲名し、一代一事業を旨とするアントレプレナー（起業家）の伝統を持つ。

初代、そして二代目は敷地内に製材所ダムを造り、温泉を掘鑿し、三代目は星野温泉旅館を開業した。このようにどんなときでも前向きにリスクをとる開拓者精神が、星野家のＤＮＡであり、経営のバックボーンともなっている。

星野家は一九九一年に代表取締役社長に就任した星野佳路氏まで五代に渡って、優秀な人材を輩出する家系である。

五代目の星野佳路現社長もその例に漏れず、中学から大学まで慶應義塾に学び、卒業後、ホテル経営の名門、米国コーネル大学ホテル経営大学院を修了している。

その後アメリカに残り、日本航空開発（現ＪＡＬホテルズ）の現地採用社員となる。だが父親で現会長の星野嘉助に呼び戻され、副社長として同リゾート入りした。

だが、わずか半年で経営方針を巡り、当時社長だった父親と激しく対立。辞表を叩きつけ、再び渡米してシティバンクに入行し、アメリカで不良債権化したリゾートの再生計画に従事していた。

当時の星野温泉は、祖父の代からの「伝統ある温泉旅館」として既に安定した経営を行っていたが、その一方、経営者から株主に至るまで星野姓が大半を占める典型的同族会社でもあった。佳路はこの「家族的体質」を嫌って飛び出したのである。

当時の軽井沢では、ホテル業者はホテル同士で価格を談合したり、外からの資本を排除することばかりに懸命になっていた。もちろん将来どんなリゾートになりたいかというコンセプトやビジョンもなかった。

佳路が戻った頃の星野温泉もその例にもれなかった。広大な敷地内には幹部社員が勝手に家を建てて住み、温泉ホテルの食堂は社員食堂代わりに使われて、料金を払わぬ社員も多かった。

星野はこうした社風の改善を社内に訴えた。だが、当時の経営陣はこれに全く耳を貸さなかった。対立した結果、佳路は父親の会社を去ったのである。

佳路はアメリカで不良債権化したリゾートの経営状況を調べるうち、リゾートの過剰投資物件、すなわち不良債権の多くは、経営者が過去の成功経験と専門的直感に頼り、過大投資を繰り返す「感覚的経営」が原因であることを知った。

すなわち、ハードを作れば客が来るだろうというなりゆきで採算を立てる「なりゆき主義」である。それを改め、顧客の意見を最重要視してきめ細かなマーケティングを行い、顧客満足度を元にリゾートを運営していく「運営の達人」となるのを目指したのである。

おりから、日本では一九八七年にリゾート法（総合保養地域整備法）が制定され全国各地に大規模リゾートが次々と誕生していた。地方企業にとっての「黒船」が来襲し、中軽井沢でも近郊に大型リゾートの建設が計画されていた。

こうした環境下で従来までの温泉旅館経営を続けて行くことを危惧した一部株主は、経営改革を訴え会社を去った佳路をアメリカから呼び戻し、経営を全権委任することになった。

九一年三月に開かれた株主総会で、多数決で佳路が新社長に就任した。当時佳路は三一歳。結果的にはこうした「荒療治」が、地方の老舗企業からの脱却を可能にし、同社の全国展開への道を拓いた。

星野の社長就任と共に、先代の嘉助の元で働いてきた経営幹部やベテラン社員の多くは社を去り、幹部社員も以前の三分の一に減った。

この結果、行われるサービスは、一時ガタ落ちになった。だが、佳路はこれをむしろ改革の好機と捉えた。そして残った若い世代の力で新たな組織を創ろうと考えたのである。

就任早々、「リゾート運営の達人になる」という経営ビジョンを打ち出す。すなわち「顧客満足度」「経営利益率」「環境負荷の削減」の三条件でそれぞれに数値目標を設定。極めて高いレベルで同時達成しようとした。

サービス経験の少ない社員の中で、信じられるのは顧客満足度調査で出る「数字」だけだった。目指すのは経営者のセンスに頼った感覚的経営とは対極をいく調査・マーケティング重視の経営であった。

日本の多くの旅館が、手厚いサービスを提供するものの、結果として利益は少ない家族経営を行うなかで、星野は、経常利益率については二〇%という目標を設定し、その視点から従来の業務を徹底的に見直した。

そのひとつが星野温泉ホテル時代にヒットさせた教会で式を挙げる教会結婚式だった。新婚カップルを馬車に乗せて敷地内や森の中を巡るというものである。しかし、バブル崩壊以降、価格競争が激しくなり顧客のニーズも変わったと判断し取りやめた。

代わりに一四億円を投じて九五年に新しく、ホテルブレストンコートを開業。

一方で、交代前からの事業で必要なものは更に進化させた。宿に隣接する軽井沢野鳥の森の自然環境を生かして「ピッキオ」と名付けた専門子会社の観察スタッフが毎日、宿泊客やビジター客を森林内へ案内するエコツーリズム事業を開始した。また焼却・埋め立てゴミゼロを目指す、厳しいエコ経営にも着手していった。

こうして佳路がリーダーシップをとって提唱する経営ビジョンを若いスタッフが共有し、一年一年、進化を積み重ねていった。

その結果、星野リゾートはリゾート企業として新たに再生したばかりか、全国の経営破綻したリゾートや温泉旅館を運営する実力を身につけるまでに成長した。現在では北海道から沖縄まで全国の温泉旅館、ホテルの再生事業を行うエキスパートを目指している。

そして、創業の地、軽井沢に「星のや軽井沢」という旗艦店を運営し、更に「星のや」ブランドを京都、沖縄・竹富島にも進出させている。一方で全国の老舗旅館や大型リゾートの運営を手掛ける「界」ブランド、「リゾナーレ」ブランドを立ち上げ、低迷する日本国内のリゾート産業、宿泊業界の中で一人、気を吐いている。

中軽井沢に産声を挙げた星野リゾートはこうして五代に渡って受け継がれ、発展している。

プリンスに続いて軽井沢という避暑地はこうして、星野リゾートという日本を代表するリゾート企業を生み出した。避暑地としての軽井沢が持つ自然と風土はその文化と伝統ともあいまって新たな未来企業をも育てているのである。

第四章

「軽井沢」のロマンを守り続ける人々

森の中の社交界、軽井沢会

既に避暑地としての軽井沢の歴史の中で叙述したように、外国人別荘族は、そこに滞在する住民としての〝公益〟を重視し、社交や防災、風紀維持のためのソサエティをいち早く作った。

これが現在の軽井沢会の前身である「軽井沢避暑団」だ。

軽井沢が避暑地として拓けるに伴い、外国人避暑客の間に公益委員会という組織が作られ、大正五年（一九六二年）、この組織が財団「軽井沢避暑団」となった。

財団の基本財産となった約四〇〇〇平方メートルに及ぶ敷地は、財団設立出願者のライクとノーマンの寄付によるもの。避暑団は行政と交渉して郵便制度を整え、独自に病院も作って地元の雇用も受け入れた。その結果として軽井沢では、他の日本の温泉地とは全く異なる、俗に陥らぬ「保健の聖地」が形成されていった。

夏涼しく、ゴルフやテニス、付近の山々のハイキングなど様々なスポーツに向いた軽井沢はまさに「保健の聖地」にふさわしい土地だった。

それが「軽井沢会」となった後も、現在に至るまで各界の名士達によって軽井沢の伝統と環境が守り続けられている。まさに「軽井沢会」の歴史は、軽井沢の歴史であるといっても過言ではない。

軽井沢会は、大正五年（一九一六年）、外国人避暑客を中心に結成された「軽井沢避暑団」を前身として、別荘族の自治組織として屈指の歴史を持ち、軽井沢の良き伝統と環境を護ろうとする人々によって代々引き継がれてきた。

軽井沢会の会員には、今でも財団法人軽井沢会による「ハンドブック」が配布される。ハンドブックには全会員名と連絡先が示されている。

当初は外国人会員が多かったため、二〇号までは英語表記となっていた。

英国のプライベート・クラブでは、会員のためにこうしたハンドブックを作成していて、それを持っていることはステイタスにもなる。日本のリゾートでこうした会員のハンドブックを持つのは、軽井沢会のみだという。

軽井沢会への入会の資格に特別な規定はない。会員規則には、「会員は、品行方正で節操のある人でなければならない」と書かれているのみである。

軽井沢を愛し、別荘を所有していて、正会員二名の推薦があれば入会できる。

基本的には「いい人」であるとされるが、この「いい人」というのが難しい。軽井沢に別荘を持ち、会の趣旨をよく理解して、様々な行事に家族ぐるみで参加できる人々ということになるだろう。

現在の会員（二〇一〇年）は、正会員・家族会員を合わせて一六一四名。

理事には、〇八年から理事長に就任した松木康夫・新赤坂クリニック名誉院長を筆頭に、虎屋社長・黒川光博氏、徳川宗家当主の徳川恒孝氏、森アーツセンター副理事長・壬生基博氏、麻生財閥の麻生泰氏、鹿島副社長の渥美直紀氏など、日本の名士がズラリと名を連ねている。もちろん会員にも政財界のトップや有名人、文化人が並ぶ。

現在、会の活動は、毎夏集会堂で行われる講演や音楽会がある。

講演会の企画は文化部が担当し、元国連事務次長や元宮内庁侍従長、長野県知事などを招いて講演会が行われる。

また音楽会はクラシックのピアノ演奏会などが開かれ、軽井沢会の会員のみの参加となる。こうしたイベントの際には、旧軽井沢を中心とした別荘から別荘族が家族ぐるみで参加し、当日はさながら「森の中の社交界」と化す。

音楽会の休憩時間には参加者が庭に出て、用意されたワインなども飲んで楽しむ。

集会堂には冷房設備がないため、窓を開け放して演奏するので、車の音など外の雑音も入ってしまうという。しかし、森の音楽会だから、それでいいとプロの演奏者も許してくれるようだ。

アメリカのボストン郊外のタングルウッド音楽祭やシカゴ郊外のラヴィニア音楽祭にも通じるリゾートの音楽祭の雰囲気がそこには漂っている。

財団法人「軽井沢会」の主要施設は、現在も旧軽井沢の中心に位置する。

約四〇〇〇平方メートルの土地に現在でも天皇陛下の「テニスコートの恋」の舞台となった一三面のテニスコート、そしてW・ヴォーリズ設計による木造のクラブハウスと林間に佇む集会堂等、伝統ある避暑地としての、軽井沢の歴史を物語る建築物が点在している。

現在の会員は親の代からの会員で、子供の頃毎年、夏休みになると軽井沢を訪れ、学校が始まるまで滞在している方々も多い。

「父親が東京と軽井沢を往復し、夏の間母親と子供は軽井沢にずっと滞在していた。子供は滞在中南原で開かれる夏季学校に通う。例えば南原の別荘地では一年生から六年生まで三〇〜四〇人が集まって、専任の教師の指導で宿題をする。勉強だけでなく飯盒炊飯したり、テニス大会をしたりで、子供の頃からの友達付き合いを続けている」とある会員は語る。

軽井沢会の会員にとって軽井沢とは、今でも長期滞在しながら夏の休みを過すところなのだ。東京では一人一人が個人的なお付き合いだが、軽井沢では代々、家族ぐるみで知っている仲間が多い。

会員は毎夏、軽井沢会のテニスコートや集会堂、あるいは軽井沢ゴルフ倶楽部などで昔からの知り合いを見かけるだけで、「ああ、今年も来ているな」と安心する。そうした交流が、世代を超えて綿々と繋がっているのも軽井沢の別荘地コミュニティの特徴なのだ。

そのため、軽井沢会のメンバーは皆、子供の頃からの五〇年来の付き合いとなる。

軽井沢会の会員は軽井沢ではビジネスの話はしない。学校も別荘もゴルフクラブも一緒。東京では仕事上の付き合いもあるが、軽井沢で仕事の話をするのは、タブー。なぜならオンとオフの切り替えができなくなってしまうからだ。

軽井沢ゴルフ倶楽部という「聖地」

こうした別荘族が集まる聖地がもうひとつ軽井沢にはある。南ヶ丘にある「軽井沢ゴルフ倶楽部」(新ゴルフ場)である。

軽井沢ゴルフ倶楽部は歴代の総理がほとんどメンバーとなっている。現在でも麻生太郎元首相や福田康夫元首相、鳩山由紀夫元首相他、歴代の総理が入会している。

入会希望者は多いが、年一五〜一六人の入会者のうち半数はメンバーの家族が占めるため、一般人には極めて狭き門となる。

厳しい入会基準は、ここが「ゴルフ倶楽部」であると同時に、英国式の「クラブライフ」を楽しむ空間だからだ。

毎年五月の初めのオープン時には、新入会員の紹介を兼ねて、クラブハウスでパーティが開かれ、その際、出席するのは会員とその家族のみである。

首相も皇族の方々も例外ではない。入場するとガードマンや付き人もシャットアウトされる。

軽井沢駅から車で五分走った南ヶ丘の別荘地の一角に、木立に囲まれた駐車場とその奥に、昭和三七年建築の瀟洒なクラブハウスがある。

この奥に広がるのが、ゴルファーなら一度は憧れるという「夢のグリーン」を持つ、軽井沢ゴルフ倶楽部だ。

入り口には目立った看板など何もない。ただクラブハウスのエントランスのガラスドアの上に、小さくその名が記されているだけだ。「倶楽部」と書かれているように、ここは「ゴルフ場」ではなく、「ゴルフ倶楽部」である。

「軽井沢ゴルフ倶楽部」は英国式の倶楽部であるが故に、会員は原則として男性のみである。倶楽部には法人会員制度がなく、あくまで、個人が対象である。会員になるためには、現会員二名以上の推薦が必要だ。理事会の面接にパスすると、名誉ある会員のコミュニティに迎え入れられる。配偶者の女性は準会員となる。

「軽井沢ゴルフ倶楽部」は会員と会員の同伴者もしくは会員の紹介者とその同伴者以外は、倶楽部の施設を利用することはできない。

ビジターで利用する際も、プレー中や倶楽部内の行動については、会員が全て責任を負うことになっている。

そしてプレーの際もティーイングランド上で素振りはしない、スタートは原則として到着順、プレイヤー以外はコース内に入ることはできない。

しかも服装はゴルファーらしい節度あるものとするといった細かなものが定められている。

館内に入るとグリーンへの通路脇にあるネーム・プレートには、すぐその名が分かるような元貴族の名家、財界人、文化人ら、社会的にもステイタスを持つ会員の名前がズラリと並んでいる。

「軽井沢ゴルフ倶楽部」がこうした「品格」と「環境」を守っているのは、昭和四三年（一九六八年）からコース委員長を務め、初代理事長に就任した白洲次郎氏の「ゴルフ哲学」によるものが大きい。

「ゴルフの上手な人が偉いと思っている人が多い。クラブなので、上手下手は関係ないことである」というのが白洲の考えだった。

倶楽部では会員の推薦を受けた人物でも、理事会の決定により入会を拒否されてしまう。しかも、その理由は一切公表されないのである。お金をいくら積んでも無駄だ。基本的には他のメンバーが仲間に入れたいと思える人物でないと落とされるのである。過去にも日本を代表する電気メーカーの会長が一回で入会できなかったり、当時飛ぶ鳥を落とす勢いだった田中角栄元首相も入会を何度か拒否されたという伝説的なエピソードがある。

クラブハウスの二階は、大きな別荘のリビングルームを思わせるフロアで、薄いブルーを基調にしたソファとテーブルがシンプルに並び、豪華なシャンデリアなどないが、その清潔感とシンプルさが、極上の「上品さ」を感じさせる。

右手はレストラン、左手奥がグリーンを見下ろすテラス席となっている。

法人会員を受け付けないのは、法人の場合、社長が交代するとまた全然知らない人物が入会してくるためだ。会員が個人会員故に、お互いが顔見知りで顔を合わせると必ず声を掛け合う。そのためクラブハウスも個室などなく、全員が顔を覚えているのがこの倶楽部の特徴である。

「白洲さんは倶楽部のマナーを守らない会員には、誰であろうとテラス席に座って大声で注意した。

某首相がＳＰに取り巻かれてプレーするのを見て『秘書とＳＰは出入り禁止！』と叱ったり、プレーが遅く、いつまでもグリーンを占領する会員は『Play fast!』と急がせたものです」と会員の一人は当時の思い出を語る。そんな白洲の功績を記念して、テラス前の一番ホール脇には「白洲の桜」と呼ばれる桜の樹が植えられている。その桜の根元には「In memory of Jiro Shirasu」と刻まれた碑がある。

倶楽部内のショップには、名理事長だった白洲次郎の直筆の「Play fast」という文字が背中に入ったポロシャツが、今も販売され、人気を集めている。

昭和初期から機械を使わずに整備されているというゴルフ場のグリーンは、アンジュレーションが細かく何度プレーしても飽きないと、プレーした経験者は口々に語る。

芝は全てベントで、コース各所にプレーヤー達の距離感を狂わせる工夫と、完璧に整備されたバンカーが待ち構える。ワンティーグランド、ワングリーンのゆったりした設計である。

プレーした後、メンバーがひと休みするのが、クラブハウス二階の、右奥のレストランだ。開け放たれた窓からは、松林に広がる美しいコースが見渡せ、軽井沢の中でも極上の「別天地」である。

二階のレストランでは、香辛料の辛さと野菜の旨みが絶妙にミックスされた、クラシックなビーフカレーや、軽井沢名産の花豆のクリームスープの冷製など倶楽部会員が知る名物メニューが置いてある。

中でも白洲次郎が希望してメニューに加えたというかつ丼の器は、自ら伊賀まで出向いて特注したという伊賀焼の器だ。

倶楽部ではこの他、二つ折りとなったスコアカードを始め、伝統の避暑地・軽井沢だけのオリジナリティ溢れる工夫が随所に凝らされている。

この「新ゴルフ場」の開発にもドラマがある。昭和四年（一九二九年）。旧軽井沢の鹿島の森にある「軽井沢ゴルフ倶楽部」（旧ゴルフ）が9ホールしかなく、手狭になったため、本格的な18ホールのゴルフ場を作ろうと、徳川圀順公爵、近衛文麿公爵、細川護立侯爵、三井十一家の一つ本村町家二代目で、三井物産の役員であった三井弁蔵らが発起人となって開発された。

現在の南ヶ丘一帯の地主であった山林王の雨宮敬次郎氏一族から五四万坪の土地を譲り受け、半分近い二四万坪強をゴルフコースとして確保し、残りはゴルフコースに隣接する別荘分譲地として売り出した。購入資金はゴルフ場建設に充て、昭和八年（一九三三年）、財団法人軽井沢南ヶ丘会が認可され、ゴルフ場、その他の施設が財団の所有となったのである。

現在、ゴルフ倶楽部へと続く道路は一般道として使用されているが、実際には財団法人軽井沢南ヶ丘会の所有である。

新ゴルフ場に隣接する別荘の庭先でゴルフレッスンを受けた後、軽井沢ゴルフ倶楽部に出かけて行って、実際にプレーするのが軽井沢では大きなステイタスとなっている。ゴルフ倶楽部の会員であり、しかも徒歩や自転車で出掛けられる近さに別荘があることが、何よりの誇りなのだ。

名別荘の保存と再生

軽井沢には、失われていく別荘文化を現在も大切に守り、受け継いでいこうとする人々もいる。旧軽井沢の西南にあるテニス民宿で有名な塩沢湖畔で、「軽井沢タリアセン」と名づけた遊園施設の経営を始めた現町長の藤巻進氏もその一人だ。

湖面面積約一万坪という塩沢湖は、湿地帯を埋め立てて造った人工池である。一九六一年に地元住民が新たな観光地を作るため、「塩沢湖観光協会」という合名会社を組織して造成した。最初は、冬の間に張る氷を利用して、屋外スケート場にした。すると五〇台以上の大型バスに乗って、観光客が次々とやってきた。そこで湖畔に古い農家を移築して民宿として使っていた。

ところが、各地に人工スケート場がオープンすると、利用客が次第に減り始めた。

そこで周囲の農家が始めたのが、畑をテニスコートに改造した「テニス民宿」だった。美しい浅間山を眺めながらのテニス民宿は学生を中心に人気を集め、塩沢地区はそのメッカとなった。

そのため塩沢湖も、当初東京の大手不動産業者が、塩沢湖の環境に目をつけ、周囲の土地を別荘地として開発しようとした。しかし、軽井沢はそれまでにも、他の東京の大手業者が観光施設やホテルを次々と建て、地元の民宿に泊まる客が自由に使えないことが多かった。そこでここは何としても地元で買い取ろうと、藤巻氏の叔父があちこちに借金して、人工池と周辺の土地を一括購入したのである。

後に藤巻氏は先見の明があったとよく言われたが、最初は東京資本に対抗する地元民の意地があった。

六人兄弟の末っ子だった藤巻氏は、大学で美術を専攻し、その後、郷里に戻り、叔父の始めた遊園地会社に入社した。そして、人工池の周囲を整備しながら、食堂やアーチェリー場を運営していた。

入場者が年間三万人を超えるようになった頃、施設が時代に合わなくなり、思い切ってリニューアルすることを考えた。

思い切って東京の有名建築事業所の門を叩いて園内の全体構想を話し、やがては美術館や文学館も建てたいと話した。すると、相手もぜひやらせてもらえないかということになった。

建築の計画がどんどん進んでいったが、藤巻氏は、美術館にするか文学館にするか最後まで迷っていた。その時、夏の間だけ軽井沢で古書店を開いていた旧軽にある豊島書房の、岡田富朗氏に相談した。すると、「美術館もいいが、軽井沢は文学関係に特殊な場所だから文学館の方がいい。きっと他の人も考えているので、早くやろう」ということになった。

近くにある書店主の別荘を改造し、以前から収集していた文学資料を並べて「軽井沢高原文庫」という文学資料館を開設した。

翌年八六年に塩沢湖畔に新築した建物内に文学資料館を移した。

ちょうどその頃旧軽井沢に残っていた作家の堀辰雄の使用した別荘が近くのホテルに移築される

という話が飛び込んできた。話し合った結果、文学館の敷地内に移築することになった。

建物の移築は新築よりむしろ費用がかかる。文学館を建築した後だけに資金的には大変だったが、藤巻氏はこれを引き受けた。

その後、軽井沢の別荘を研究していた建築学者から連絡が入り「ライトの弟子のレイモンドの別荘が、建て替えられるそうだ。この建物も残さないか」と言われ、その大きな別荘を敷地内に移築し、美術館として再利用することを考えた。

だが、中に飾る作品がなかった。その時、軽井沢出身の画商が、長野市でスペイン絵画展という展覧会をやっており、絵が好きな藤巻氏は一枚購入した。

それを聞いた画商が連絡してきて、フランスの画家レイモン・ペイネが五度目の来日をする。その作品を展示する美術館をやらないかと持ちかけてきた。当初美術館もやりたかった藤巻氏が、ペイネの常設の美術館にしたいと言うと、フランスにいる画家本人に連絡を取って打診してくれた。こうして、建築家レイモンドの別荘が「ペイネ美術館」として再生した。一九八六年のことである。

更に九三年には、群馬県側の北軽井沢にある作家の野上弥生子の茶室を保存のために移築した。次に移築したのは軽井沢で心中した作家の有島武郎の別荘である。地元の青年会が寮として移築保存していたものを、「浄月庵」という当時の名前で移築し、現在は一部をカフェとして再利用している。

また旧軽井沢の中心にあった軽井沢郵便局が建て替えられると、これも移築し美術館とレストランにした。

これらの建物を人工池の周辺に配し、落着いて見学できるようにしたのが現在の遊園施設「軽井沢タリアセン」だ。

タリアセンとは、建築家のフランク・ロイド・ライトが晩年に、アメリカのウィスコンシン州とアリゾナ州に建てた「理想郷」の名で、藤巻氏は名を付けるからには現地を直接見ようと、単身アメリカ入りしレンタカーを駆って、大平原を駆け回った。

遊園施設の運営と共に、一〇年前から地元の有志らと始めたのが、歴史的な別荘を保存調査する「軽井沢ナショナルトラスト」という運動である。軽井沢では、歴史と伝統を偲ばせる古い別荘がこうして新たな価値と魅力を持ち続けるのだ。

軽井沢に残された「別荘文化」の「生き証人」といえるのが、藤巻氏が手掛けた「軽井沢タリアセン」の湖畔に移築保存され、公開されているフランス文学者、朝吹登水子が別邸として晩年まで使用した「睡鳩荘」である。

昭和六年（一九三一年）の建築で、設計は軽井沢に軽井沢会集会堂、同テニスコートクラブハウス、ユニオン・チャーチなどの名建築を数多く遺したアメリカ人建築家、W・M・ヴォーリズ。

かつて旧軽井沢の二手橋北側にあったこの別荘は、フランソワーズ・サガンの『悲しみよ　こんにちは』などの翻訳を手掛けた朝吹登水子が毎夏、滞在していた。

朝吹家は、登水子の父親、朝吹常吉（三越社長、帝国生命保険社長）と妻の磯子が、ロンドン滞在後、大正七年（一九一八年）から翌年にかけて軽井沢に別荘を建てた。別荘の庭には、かつて同じ敷地内に別荘を建てていた宣教師チャペルの遺したテニスコートがあり、軽井沢滞在中、一家でテニスに興じた。

軽井沢には軽井沢会テニスコートがあったが、日曜日は安息日を守って開かれないため、夏に滞在中のプロ選手は、こぞって朝吹邸内のコートにやってきた。

登水子の母親で、その美しさから当時の社交界の花形であった磯子は、全関東女子シングルとダブルスで優勝。全日本女子ダブルス選手権のタイトル保持者になったほどの腕前であった。娘の登水子も軽井沢会のガールズ・シングルスに優勝するなどの実力の持ち主で、昭和一一年にフランスに留学。優れた翻訳作品やエッセイ集を遺した。

塩沢湖畔に移築された「睡鳩荘」は、朝吹家が使用した当時のままの状態で保存されており、軽井沢の別荘文化を知る貴重な文化遺産となっている。

軽井沢タリアセンには、この他、かつて旧軽井沢のランドマークとして別荘滞在客達に親しまれた「軽井沢の郵便局」（「明治四十四年館」）も移築・復元され、一階がレストラン、二階が堀辰雄や立原道造らと親交があり、彼らの本の装丁も手掛けた、画家・深沢紅子の「野の花美術館」として公開されている。

深沢紅子は、「軽井沢タリアセン」内の「軽井沢高原文庫」に移築された「スミス山荘」を借り、軽井沢の野の花を描き続けた女流画家である。

「軽井沢タリアセン」の敷地内にある、作家・有島武郎の別荘を移築したカフェ「一房の葡萄」のラウンジからは、浅間山の全容が遠望できる。

この他に、軽井沢の別荘文化の粋を伝える文化遺産を遺したのが、藤巻進氏の功績である。

森の中の音楽堂を残した大賀典雄

軽井沢は近年、クラシック音楽の街としても知られるようになった。

そのきっかけとなったのが、毎年五月に行われる「春の音楽祭」でシーズンの幕を開ける「軽井沢大賀ホール」の開館である。

同ホールは、ソニー元名誉会長で相談役の故大賀典雄氏が生前に自身の退職金を町に寄付して建てられた。

オープンは二〇〇五年（平成一七年）四月。並行面のない五角形サラウンド型の独特な構造で、客席のどの位置からでも均一な音響効果を得ることができる。一、二階席合せて七八四席。人口一万九〇〇〇人、別荘一万五〇〇〇戸余りの高原リゾートとしては、最適の規模と素晴らしい音響効果を誇る音楽堂だ。

フルオーケストラにも対応できるが、室内楽やピアノ独奏、歌曲などにちょうど良い規模のコンサート・ホールである。ピアノ演奏の際、檀上でピアニストが弾くピアノは、二〇世紀最高のピア

故大賀典雄氏が私財を投じて軽井沢町に寄付した「大賀ホール」。音響のよさでは世界でもトップクラスを誇る。　写真提供：軽井沢高原文庫

ニストの一人、アルトゥーロ・B・ミケランジェリが来日した際、持参して演奏したというハンブルグ・スタインウェイ社製のコンサート・ピアノだ。

大賀ホールでは、毎年春から夏、秋にかけてNHK交響楽団ら国内外の主要オーケストラやソリストの演奏会が頻繁に行われる。

矢ヶ崎公園の池畔に面したコンサート・ホールのロビー・ホワイエからは、池の水面と離山越に雄大な浅間山が眺められ、ホール前の通りも美しく並木道が整備され、軽井沢の新しい顔となっている。

大賀典雄氏はクラシックに造詣が深いことで知られ、自ら建てた音楽ホールでオーケストラを指揮するなど、音楽文化の普及に努めた。

また、大賀氏は軽井沢の代表的な別荘族の一人として常に名前が挙がる人物だった。軽井沢

滞在中も高級車を乗り回すのではなく、軽井沢の森の中の細い道には、軽トラックが似合うとして長野ナンバーの軽トラックを乗り回していたという。この車で自ら庭に植える植物の苗や野菜などを購入しに行くこともあった。

軽井沢を愛し、軽井沢の別荘と東京の自宅、そして世界各地を訪れたスケールの大きな「軽井沢人」の一人が、また世を去ったが、その名は彼が遺したコンサート・ホールと共に永久に残されている。

大賀氏が会長を務めたソニーという企業も、実はその設立において軽井沢と深い関係があった。ソニーの前身となる東京通信工業を興した創業者の井深大は、自らが経営する「日本測定器」という海軍に納入する船舶探知システムの製造工場を、長野県須坂市のリンゴ園の中に置いていた。井深の父親は、北海道出身のキリスト教徒で、戦時中、軽井沢に集められていた外国大使館や公使館、キリスト教会の宗教関係者から、日本の敗戦が近いことを知らされていた。

父親からそうした情報を耳にしていた井深は、玉音放送を聴くなり、新しい時代の始まりを直感し、行動を共にする技術者七人と同社を退社し、終戦後すぐに焼け野原となっていた東京に上京し、当時、日本橋にあった白木屋デパートの一室で東京通信工業を設立したのである。

その知らせを新聞で知った盛田昭夫も勤めていた東京工業大学を辞し、その足で愛知県に住む父親の許を訪ねて、井深の設立した東京通信工業に入社する許可を得た。こうして戦後の日本を代表するソニーという企業が産声を挙げた。

大賀は、この井深、盛田の両氏に育てられ、その経営を引き継ぐことになった。戦後のソニーの急速な発展が軽井沢から始まったことを知っていたのか、彼はその浄財を自らが長年愛した軽井沢町に寄付し、合せて音楽文化の発展にも寄与しようとしたのである。

軽井沢には、このように知られざる歴史の秘話やエピソードが数多く残されている。

都会ではできない「思い出」づくり

軽井沢の別荘文化は、より若い地元民の起業精神を刺激する。

かつての軽井沢の別荘族は、盛夏の二ヵ月余りを冷涼な軽井沢で長期滞在しながら過ごした。だが、近年では以前に比べて飛躍的に近くなった東京との間を頻繁に往復し、思い立った時に都心の自宅やマンションから訪れる別荘族が増えた。

あるいは、都心部にマンションを借り、平日はそこで仕事をして、週末に軽井沢に購入した自宅で過すという新しいライフスタイルである。

そこから生まれてきたのが「別荘管理サービス」のニーズである。

軽井沢出身の若き企業家、渡部幸治氏は地元の不動産会社に勤務していた時、彼の誠実な人柄を見込んで別荘を購入した会社社長から、欧米の高級リゾートには、別荘管理サービスがあるのに、なぜ軽井沢にはないのかと問われて、その必要性に気付いた。

これまで、軽井沢に約一万五〇〇〇軒ある別荘で、その役目を引き受けてきたのは、別荘族の妻たちであった。滞在中の別荘内の掃除、庭の手入れ、食料品の購入、友人、知人を招いてのパーティの支度と後片付け――等々。

その負担は、全て家庭の主婦の手にかかっていた。こうした煩わしさから、軽井沢にせっかく家を建てても、別荘に行きたがらない女性が増えたのも時代の流れである。

それを何とか解決できないかと、渡部氏は考えた。

コンセプトは「チェックアウトのないホテル」。自分の別荘を持っていても、リゾートホテルに滞在するように、細かな管理をしなくてもいいという至れり尽くせりのサービスである。

従来の軽井沢での別荘管理といえば、冬期に凍る水道の管理、不在時の庭の芝刈りや風通し程度だったが、渡部氏はそれに加えて、宅配便の受け取り代行、帰宅時の駅までの車の送迎、別荘の車の洗車、暖炉用の薪の宅配、クリーニングや買い物代行、ホームーパーティのデリバリー手配、出張のネイルサービスなども、個別の別荘所有者と必要事項を契約して行うように工夫したのだ。

そして、別荘ごとに専任の担当者を配置して、携帯電話一本で何時でも必要なサービスがオーダーできるシステムにした。

そのため、今から別荘に行くと所有者が担当者に連絡すれば、到着時には掃除された部屋に食事の用意も出来ている。

昼にゴルフをしている間、夜のホームパーティの用意もする。テーブルセッティングをし、室内に飾り、ワインをワインセラーから出し、提携する十数軒の地元レストランからデリバリーで好みの料理も取り寄せる。

使用していない別荘でも、契約によって二週間に一度の定期点検と清掃、滞在後の清算はもちろん、滞在中着ていた衣類の洗濯や整理も行う。オーナーが不在時にオーナーの友人などが訪れた際に、そのアテンドも丁寧に行う。

こうした「サービス」によって、せっかく購入した「軽井沢の別荘」の利用価値を高める。それが渡部氏の願いである。

渡部氏は、一三歳の時から軽井沢の施設で育った。もちろん両親の顔は知らない。自分が有名になれば、誰かが気付いてくれるはずと大学を出て、サッカーのプロ選手を目指したが、椎間板ヘルニアのため断念し、「心の故郷」である軽井沢に戻った。

そして自分を育ててくれた軽井沢に「恩返し」がしたいと地元の不動産会社に就任。ITバブル、リーマンショックを経て、現在のワタベアンドカンパニーを設立するのである。

渡部氏は、軽井沢で別荘暮しをする子供達に「都会ではできない思い出づくり」を味わって欲しいと語る。

例えば、クリスマスの夜、サプライズ・サービスとして、別荘の所有者に内緒で庭の木に電飾を飾り付ける。所有者が別荘に入ると一、二の三で真っ暗な中にクリスマスのツリーを輝かせる。また子供を誘ってスキーに行く。

夏の夜は、別荘の広い庭にナイアガラなど本格的な花火を用意して打ち上げる。蛍が生息する小川に連れて行くツアーを行ったり、捕ってきた蛍を別荘内に放しておいて、自然の生物が持つ神秘的な輝きを体験してもらったりする。

こうした「軽井沢」ならではの「思い出づくり」を渡部氏は、自分の許に集まってくれた若き地元スタッフと共に実現していこうとしている。そのために、どんな要望にも「ノー」と言わず、顧客のニーズを汲み取るよう日々切磋琢磨を心掛けている。

長い伝統を持つ別荘地、軽井沢は、こうした新たな企業家とサービスも生み出している。

避暑地から「歴史的文化リゾート」へ

避暑地軽井沢は、普段は人口約一万九〇〇〇人余りの小さな高原の町である。しかし、夏の盛時には四〇〇万人を超す観光客や避暑客が訪れ、高原のリゾート都市としての賑わいを見せる。

夏のシーズンは、例年五月のゴールデン・ウィーク前後に始まる。そして、六月の美しい新緑の季節を過ぎ、八月のお盆前後に観光客のピークを迎える。近年では、紅葉時の美しさも知られ、むしろ九月、一〇月に人出が多くなる。そして一一月の後半、ようやく静けさを取り戻す。

この約七ヵ月間の間に、高原の伝統的避暑地として人々と交流が毎年行われるわけである。

軽井沢に、なぜ人は集まるのか。『日本別荘史ノート――リゾートの原型』(住まいの図書館出版局）の安島博幸と十代田朗はこう書いている。

外国人にはクラブやサロン、日本人には茶の湯の心得、庶民の湯浴場での社交の伝統があった。社交がリゾートで成立するには、以下のような条件がある。

❶国籍・宗教・職業・趣味を同じくする同質的グループであること。

❷お互いを知り得る程度の人からなる、家族より大きく、不特定多数ではない規模のグループであること。

❸毎年一定期間滞在し、お互いに顔見知りになる可能性があること。

❹教会・クラブハウス・テニスコートなどの交流施設や、フェンスを設けずベランダのある開放的な別荘など社交的精神に溢れた空間があること。

安島らの説に従えば、避暑地としての軽井沢を拓いたショーを始めとする外国人は、普段は日本人の中に混って暮していたが、軽井沢にくれば沢山の同国人に会うことができたし、全国の教区に散った宣教師たちが一年に一度集まる地も、軽井沢だった。

初期の軽井沢には、確かに❶、❷、❸という要素が初期から存在していた。

『日本別荘史ノート』によると、そもそも宗教人達が夏の間にキャンプをし、ミーティングする習慣は北米東部から来たものであるという。

例えばアメリカで最も古いリゾート村は、ボストン郊外のマサチューセッツ州マーサスビンヤード島にあるオークブラフだった。ここに一八三五年メソジスト教徒が集まったのが始まりとされる。

同じく軽井沢にも、プロテスタントの宣教師が集まり、質素で、清廉な生活習慣が息づいた。また外国人宣教師を中心として親しい人々が集まり、リゾートに社交空間を創るために、教会が建てられた。

その後、宣教師以外の外国人避暑客も増え、洋風の生活文化に憧れる日本人の別荘が増えていった。こうした人々の夏の間の滞在場所やサロンとして機能したのが、万平ホテル、軽井沢ホテル、三笠ホテルといったリゾートホテルである。

これらのホテルを集まりのサロンとするのも、元々外国人居留地の習慣だった。明治政府の近代化路線に乗った政財界の要人達は、洋風スタイルを取り入れ毎週末、高原のホテルで舞踏会やパーティを行い、貴賓達をもてなす社交の場とした。東京では貴賓達の宿泊する場所としては帝国ホテルがあり、その隣に社交場としての鹿鳴館が建った。軽井沢においては三笠ホテルが、この両方の役割を果したのである。

また、別荘族の中で外国人や西欧の生活様式に深い関心を持つ人々は、外国人との親睦と交流を深める組織として、軽井沢憲章を作り、クラブハウスやテニスコートなど社交の場を整備した。

軽井沢バンガローと呼ばれる別荘開放的なスタイルもこうした考え方を映している。すなわち、門やフェンスを設けず、道からもよく望めるベランダや森の木陰を社交の場とし、散歩の途中に気軽に立ち寄って、午後のハイ・ティーの時間を楽しみながら歓談した。

イギリス人によるクラブと社交サロン、どちらも共通の趣味や目的、あるいは利害の一致する人間がグループを作ることによって社交関係を維持することを目的とした。

彼らはメンバー規約を厳守することにより、それと関連のない一般の人々を排除することによって、内部の結束を高め、メンバーの居心地を良くしたのである。

軽井沢も同様で、別荘族の集まりという一種の「排他性」が、軽井沢という避暑地を高級ブランドにした。

しかし、他人を排除するのが本来の目的ではない。

むしろ、軽井沢の良き伝統と歴史は、祖父から父へ、父から子へと代々受け継がれていく、この高原での良き思い出づくりと家族そして友人たちとの約束を守るための愛情が軽井沢を通して受け継がれたのだ。

これを家族同士のコミュニティとして守り続ける所に軽井沢の別荘族の「クラブ」的な存在意義があるといえるだろう。

「軽井沢会」を中心とする、メンバーの強固な団結力がなければ、軽井沢の古き良き伝統と歴史、濃密に醸成された空気は、ビジネス市場主義の開発の前に、見る影もなく破壊し尽されてしまったはずである。

戦後の西武グループに始まるリゾート開発と徹底した大衆化路線は、軽井沢という確立されたリゾート・ブランドへの「飽くなき挑戦」の歴史でもあった。

プリンスホテルを中心とする西武グループのリゾート事業も、軽井沢という聖地を大衆化させたことによりリゾートでの一大ブランドとなっていったわけである。

今日の西武グループの軽井沢における主役は、海外の一流ブランドのアウトレット・ショッピング・モールだ。そうしたハイセンスなアウトレットショップが似合うのも、避暑地・軽井沢に、厳然として存在する「リゾート・コミュニティ」がまだ、機能しているからだ。

同じ避暑地でも東京、横浜に近い箱根では、こうしたリゾートとしての進化は見られなかった。箱根にも宮ノ下の富士屋ホテルや強羅公園などにクラブハウスがあった。だが、全体的には温泉を利用した和風別荘が多く、知人を自宅に招いてもてなす「在宅接待」が多く、別荘の敷地内に来客をもてなす数奇屋造りの茶室建築が数多く建てられた。

藤田男爵の別荘を利用した箱根・小涌園などの富豪達の巨大別荘や迎賓館などが次々と建った。ところが代が変わるとそれらは売却され、旅館や料亭に姿を変えていった。

この点、軽井沢は、家族同士が、ゴルフ、乗馬、テニス等のスポーツによる社交で一定の規模のグループの社交を深め合う「伝統」と「歴史」が毎年積み重ねられている。その結果として我が国には類を見ない、「歴史的文化リゾート」が出来上がったのだ。

その「正統性」、「純粋性」が固定したメンバーや関係者によって色濃く受け継がれる。また一方でこれを希薄にしようとする「大衆的人気」も軽井沢という場所は合せ持つ。

この両面を季節に応じて変化させ、時代に応じて進化させていくところが軽井沢の持つ奥深さだろう。それは同時に軽井沢というリゾートが持つ一種の分り難さにもつながり、この地が持つ多面性をも現わしている。

バブル経済崩壊の後、軽井沢にはＩＴ景気と共に、一種のミニバブルが訪れた。それと共に、別荘族の世代交代も進み、古くからの別荘族が暮す旧軽井沢や南ヶ丘、南原を中心に多くの別荘が売られ、別荘地の風景も大きく様変りした。

しかし、その後に訪れたリーマンショックにより、不動産開発はストップした。すると豪華な別荘を購入したＩＴ族は真っ先に軽井沢から逃げ出してしまっている。

その結果、軽井沢の伝統と環境は今日でも守られ、この地を代々愛し続ける人々によって「静けさ」と「格式」、「伝統」が維持されている。

一年を通して過してみると、軽井沢は「夏の賑わい」があっという間に過ぎ、晩秋から翌年の春まで寒い冬が半年以上も続く厳しい自然の地である。

しかし、この長い冬があることで、真に軽井沢を愛する人々と良い季節のみ訪れる観光客が区別され、軽井沢の自然からふるい落とされる。長くて厳しい冬の寒さゆえに、一定の規模以上にリゾートが拡大せず、逆に「純粋さ」が濃縮される結果となっているのだ。

まさに、この高原の地の自然環境がもたらす大いなる恵みだといえる。

この冬の寒さゆえに、いくら拡大しようと思ってもリゾートは一定の規模以上には育たない。そして人々が愛する「本物」しか残らない。

その自然環境の厳しさと良質な人々によって磨き続けられる歴史と伝統、そして独自の文化が、軽井沢の持つ真の魅力といえるのだ。

II

軽井沢を愛した作家たち

文芸評論家
吉村祐美

第一章

避暑地軽井沢の幕が開く

軽井沢・信濃追分には、多くの作家が訪れ、この地を舞台に、数々の名作が書かれた。作家の創造意欲をかきたてる、鮮麗な風景と執筆に適した静寂が、ここにはある。森を吹き過ぎる緑の風の中、名作の舞台を訪ねてみたい。

宿場町から避暑地へ──江戸時代の軽井沢

旧軽井沢のロータリーから、旧道を上がってゆくと、森の中に宣教師ショーの記念礼拝堂が建っている。木造平屋建てのシンプルな教会は軽井沢最古のもので、周囲は清浄な雰囲気が漂っている。かつて多くの文人たちがこの地を訪れ、礼拝堂のあたりも散歩したエリアであった。

ショー記念礼拝堂の手前右側に、芭蕉の句碑がある。没後一五〇年の天保一四年（一八四三年）に、蕉門の俳人であった小林玉蓬によって建てられた。碑には、

馬をさへ　ながむる雪の　あした哉

と刻まれている。この句は芭蕉の『野ざらし紀行』（甲子吟行）にみえる。貞享元年（一六八四年）甲子《きのえね》の年八月江戸を発つ。文中「山家に年を越えて」という記述があり、故郷である伊賀上野の山里の家で年を越す。京都、大津に滞在のあと、熱田・鳴海に行き、尾張から木曽路を経て甲州路

を通り江戸に帰る旅の、途次の句である。「旅人をみる」という前書があることから雪の朝の景色は旅人の姿とともに、荷を運ぶ馬さえも、しみじみと眺められるという意味であろう。一幅の絵をみるような、降りしきる雪の日の情景を詠んだ句だ。

なお、軽井沢の西部にある信濃追分《しなのおいわけ》の浅間神社境内には、『更科紀行《さらしな》』で詠んだ句が碑に刻まれている。

ふきとばす　石は浅間の　野分《のわき》かな

貞享五年（元禄元年、一六八八年）、芭蕉は尾張から信濃国更科に向かい、八月一五日、姨捨山《おばすてやま》で名月をみる。そして善光寺に参詣したのち北国街道を下り、中山道の追分宿に入って、沓掛《くつかけ》、軽井沢宿を通り、碓氷峠を越えて江戸に帰る。『更科紀行』の旅である。

中山道は、徳川幕府が定めた五街道の一つであった。江戸と京都を結び、木曽路を通るところから木曽街道とも呼ばれた。

江戸時代は徒歩の旅が中心であったために、夏の旅人は涼しく、洪水による川止めも少ない中山道を通ることが多かった。善光寺に参詣する人々は、中山道の追分宿から分岐する北国街道を通って行った。さらに二月から六月までの、さわやかな気候の季節には、参勤交代の大名行列が多く往来していた。

『更科紀行』の中に、

「木曽路は山深く道さがしく、旅寝の力も心もとなしと、荷兮子《かけいし》が奴僕《ぬぼく》をしておくらす」

という一文がある。ここで言う木曽路とは、馬籠《まごめ》から塩尻のあたりだろう。木曽街道は山が深く、道も険しいから、旅寝を続ける体力が心配だといって、（芭蕉の門人である）荷兮《かけい》が下男をつけて送ってくれることになった、といった内容である。

木曽路から中山道の碓氷峠越えも、東海道の箱根と同様、江戸時代の旅人にとって険しい難路であった。冬はきびしい寒気に耐え、山中の道は凍結しているため、荷を負った馬も旅人も難渋したと推測される。

当時、中山道の追分、沓掛、軽井沢は、浅間根腰三宿といって、浅間山麓に開かれた宿場町であった。

軽井沢宿は、現在の旧軽井沢ロータリーから、店の建ち並ぶメインストリートを通って、「つるや旅館」の先まであった。二手《にて》橋のあたりが軽井沢宿の東のはずれになる。旅立つ人と見送って来た者とが、ここで東西二手に別れるのである。この橋より手前、芭蕉句碑が建っているあたりには、軽井沢宿の枡形《ますがた》があった。敵の進攻をにぶらせる目的で、石垣を築き道を屈曲させて造った枡形は、現在の旧軽ロータリー付近にもあったという。当時、枡形の道は城下町や宿場の出入口などに設けられていた。

軽井沢宿は、町並みの全長が約七〇〇メートルで、本陣一軒、脇本陣四軒。問屋場《といやば》などが、今の観光会館近辺にあった。公家や参勤交代の大名と御側衆は本陣に、士分は脇本陣に休泊し、一般の旅人は旅籠《はたご》を利用していた。本陣は問屋を兼業しており、人足や馬を用意して、荷物の運搬、継立《つぎたて》の事務などを行った。

江戸時代の「つるや」は、休泊茶屋を営み、旅人相手に二八《にはち》そば、煮しめ、強飯などを提供していた。明治になって外国人の旅行者が軽井沢を訪れはじめる頃、「つるや」は旅館を専業とするようになる。また後に万平ホテルを造った佐藤万平の家は、もともと軽井沢宿の「亀屋」という屋号の脇本陣で、現在の軽井沢郵便局のあたりにあった。

さらに旧軽井沢本通り（旧軽銀座）にある有名な「土屋写真店」は、宿場当時の旅籠「白木屋」の子孫にあたる。写真店としての開業は、明治三九年からで、明治、大正、昭和の軽井沢を写しとった貴重な写真が今も店内に残されている。

宿場町としての軽井沢宿は、碓氷峠の麓にあり、駕籠や馬を乗り換えたり、草鞋《わらじ》を履き換え、食事を済ませる旅人などで賑わいを見せていた。しかし江戸末期に参勤交代が廃止となり、浅間根腰の三宿は急速にさびれてゆく。

文士が見た明治期の軽井沢

明治時代に入って、交通制度は大きく変化し、政府は国道の建設に着手する。険しく狭い峠越えの山道よりも、馬車や荷車の通行が可能な、広い道路が必要とされた。

明治一六年に着工した碓氷新国道は、軽井沢の離山の下から東へまっすぐ進み、矢ヶ崎から中尾山の中腹を切り開いて、群馬県の坂本に通じるルートであった。カーブの多い道だが、旧中山道に比べて勾配《こうばい》はゆるやかになる。碓氷新国道は、明治一七年五月に竣工の日を迎えたのであった。

JR軽井沢駅がある矢ヶ崎地区は、もともと草の茂る湿地帯だったが、新国道（現在の国道一八号線）の開通によって、人力車、荷馬車などの交通が増したことで、新しい町並みが作られてゆく。

一方、明治一八年には上野から横川まで、同二一年に直江津から軽井沢まで鉄道が開通した。そして、未開通の部分であった横川―軽井沢間にレールが敷かれ、客車を馬に引かせる馬車鉄道が、明治二〇年に運行を開始した。

森鷗外は、明治二三年に馬車鉄道で来軽している。客車は外壁を青ペンキで塗った木の箱。急勾配があるため、通行には二時間三〇分を要したという。

「山路になりてよりは、二頭の馬あえぎあえぎ引くに、車幅きわめて狭き車の震ること甚《はなはだ》し」と、鷗外は「みちの記」に記している。

正岡子規の来軽は、翌二四年であった。「かけはしの記」によれば、「鳥の声耳もとに落ちて見あぐれば千仭《じん》の絶壁、百尺の老樹、そびえそびえて天も高からず」と、馬車から眺めた風景を描き、軽井沢の印象については「幾重の山嶺屏風をめぐらして草のみ生い茂りたれば、その色染めたらんよりも麗はし」と書きとめている。

山容とそれに続く原野、草原に咲く花々が、その頃の軽井沢の典型的な風景であった。

明治二六年にアプト式鉄道が横川—軽井沢間に開通すると、馬車鉄道はその役割を終えるのである。

新国道が建設されたことによって、南の国道から離れてしまった軽井沢宿に、宿泊する旅行者は激減していった。軽井沢宿の街道には人影も少なくなり、雑草が生え、廃屋に近い家々が残るばかりだった。明治二〇年前後の軽井沢は、まったくさびれた寒村になり果てていたのである。

軽井沢が衰退の一途をたどっていた明治一九年四月、英国国教会の副主教であったアレキサンダー・クロフト・ショーと、友人のジェームス・メイン・ディクソンの二人は信州を旅した時に、軽井沢にも訪れた。ショー師が軽井沢の地名を知っていたのは、鉄道橋の技術開発者であった友人C・A・W・ポウナルからの情報であろう。二人は軽井沢の南側にある和実《わみ》峠を越えて、村へ入った。この道は入山峠（現在の碓氷バイパスが通っているあたり）や中山道の碓氷峠よりもさらに勾配がなだらかであったため、江戸時代は女街道と呼ばれ、下仁田から借宿に至るルートであった。

当時の軽井沢宿はすでにさびれていたが、二人は雄大な浅間山と草原の緑、清涼な空気といった自然の美しさを好ましく思ったのであろう。夏の休暇を過ごす好適な場所として、一九年七月ふたたび家族を伴って来軽する。外国人の二人にとって、高温多湿な日本の平野部の、暑さを避ける手段でもあった。

そして友人や知人にこの地を紹介した結果、軽井沢は、在留していた欧米人の間で知られるところとなり、宣教師、英語教師といった人達が次々と訪れるようになる。

英国聖公会の宣教師として来日していたショー師は、福沢諭吉宅の別棟に居住し、慶應義塾で三年間教えた。その後、聖アンデレ教会、聖教社学校他を設立すると宣教活動を積極的に展開し、内外知識人との交流も広がった。また、ショー師の友人であったディクソンは東京帝国大学の英文科（当時の文科大学）教授で、夏目漱石も彼に学んでいる。ディクソン先生は学生の世話をよくし、品位のある人であったという。

こうした知識人達によって、避暑地軽井沢の幕はゆっくりと開かれてゆくのである。ショー師が大塚山に山荘を建てると、これに続いて外国人の別荘が造られていった。イギリス公使の別荘が二手橋近くに建てられたのは、明治二三年。折しも森鷗外が来軽した年でもあった。

明治二六年、元海軍大佐の八田裕二郎が日本人として最初の別荘を造り、政財界人および文化人に軽井沢を紹介することとなる。その後、次第に日本人の避暑客が集まりはじめ、別荘地の開発と別荘建築が進んでいった。

夏の涼しさが思索と研究の場に最適であったため学者が来軽するようになり、やがて多数の文人も酷暑を避ける仕事場として注目し、軽井沢に滞在する時代が始まるのである。

鉄道が開通した明治二六年、徳冨蘆花は来軽し、碓氷峠の印象を『自然と人生』の中で、次のように書き記す。

「時雨はぱったりやみ、あとの静寂《しずけさ》たとうるに物なし。『山中人自正《さんちゅうひとおのずからただし》』と言いけむように、吾心水のごとく清《す》める時しも、何処《いづく》にか一陣の清蕭々《せいしょうしょう》として起り、颯々《さつさつ》として山中に満《み》ちぬ」

軽井沢の旧道から碓氷峠へ続く道の静けさ、そして林の中を吹く風の描写は、まさしく清籟という言葉がふさわしい。大気汚染とは無縁なさわやかさが、今も峠路には残されている。

ところで『日本書紀』の日本武尊《やまとたけるのみこと》東征伝説に登場する「碓日坂《うすひざか》」は、中山道の険所であった碓氷峠ではなく、古代から開かれた古東山道にある入山峠ではないかと、現在では推定されている。地形的にみて、こちらの峠越えの方がなだらかな道筋であった。

碓氷峠は鎌倉時代以降、軍事上の要害の地として開けた。狭く険しい峠路は敵の進入を迎え撃つ絶好の地点であることから、徳川幕府もあえて碓氷峠越えの道を街道と定めたのであった。

蘆花の紀行文「両毛の秋」には、

「ありとあらゆる色美しき錦の地に、はるか彼方の岩上に朱の如き黄紅の楓一樹、此方の谷の底に鮮血の如き浅紅の枝一枝」

と、碓氷峠の紅葉の美しさが記されている。楓や山桜、楡《にれ》などの樹々は、秋の峠路を今も彩っている。

若山牧水は土岐哀果（善麿）とともに明治四一年、軽井沢を訪れた。

「離山の真下あたりに来ると（略）、深い秋草の天地である。何百町歩とも知れぬ広い区域に薄《すすき》の穂が波を打って、その間には月見草、女郎花、われもこう、桔梗、野菊、その他名も知らぬ草花が一面に咲き乱れている」

牧水の「火山の麓」という文中からは、明治後期の風景が写実的に浮かんでくる。この後も牧水は、しばしば軽井沢に来て星野温泉等に滞在し、高原の自然に触発されて、近代的短歌を数多く創作したのであった。

秋晴れのふもとをしろき雲ゆけり
　風の浅間の寂しくあるかな　　牧水

季節ごとに、また日により、さらに時間によって刻々と変化する浅間山の姿、朝焼けの浅間がバラ色に染まる時があるかと思うと、粉雪におおわれる日もある。四季の多彩な変化。都会では見られない群青の深い空、紅葉してゆく落葉樹のさやめき。軽井沢の自然と風土は、来軽した作家たち各々に創造の舞台をあたえた。

さらに歓楽街のない軽井沢には、都会の喧噪を離れた静寂がある。文学者にとって本来孤独な、創作活動に立ち向かう最良の環境が、ここには存在していた。

大正時代に入ると、正宗白鳥、有島武郎、室生犀星、島崎藤村、谷崎潤一郎、北原白秋、与謝野寛・晶子夫妻、芥川龍之介、菊池寛、萩原朔太郎、堀辰雄、志賀直哉、川端康成など、日本文芸史に確かな位置をしめた、錚々《そうそう》たる作家たちが、仕事の場として、また文壇の仲間に誘われる形で、軽井沢を訪れるようになる。

来軽した作家たちは、文学上の先輩、後輩として、また師弟であり友人として、親交を深めていたのである。

第二章

軽井沢を愛した作家たち

室生犀星文学碑——矢ヶ崎川のほとり

旧軽ロータリーから、商店街を一五分ほど歩いて旧道をぬけると、落葉松林の道に入る。ショー師記念碑の前を通って少し歩くと、二手橋に出る。この橋を渡り、矢ヶ崎川に沿って左に曲ってゆくと、やや下った所に犀星の文学碑がある。

昭和三四年『かげろふの日記遺文』で野間文芸賞を受賞した犀星は、その賞金について三つの使途を考えていた。

一つは犀星詩人賞の設定。第二は亡き妻とみ子の遺稿、句集の出版。第三は軽井沢に室生犀星文学碑を建てることであった。

「建碑もこの際自費を投じて設立して置けば後には他人に迷惑をかけないで済むという安心感があった」（我が草の記）

犀星は他の人たちに負担をかけず、自分にとって最も好ましい場所に、ひっそりと詩碑を残しておきたいと考えていた。

昭和一三年、妻とみ子は脳溢血で倒れ、右半身不随になっていた。昭和三四年に六四歳で死去するまで、犀星は病身の妻を気遣い看護をつづけた。とみ子の死後、遺句集は犀星の手によって出版されている。

犀星の文学碑は、矢ヶ崎川の渓流を左にみる岸辺に建っている。浅間山の熔岩を使って石垣を築き、黒御影石に碑文がはめこまれている。碑文の詩は『鶴』の巻頭詩「切なき思ひぞ知る」である。石垣の中央に洞窟が掘られ、木のベンチが置いてある。ここを訪れてきた人が不意の夕立にあっても雨宿りできるようにと、犀星らしい心配りがなされているのだ。碑のそばには犀星が京城（現ソウル）で買い求めた一対の俑人像が立っている。文学碑を建てる場所の選定、建設の費用、設計、碑文の詩の選択など、一切は犀星自身によって処理され、昭和三六年七月完成をみた。そして翌年三月、犀星は七四歳で生涯を閉じるのである。

大正9年から昭和36年までの約40年間、犀星は軽井沢に滞在し、その風物を好んでいた。　写真提供：軽井沢高原文庫

「此処では煙草を喫み、気に入ったら床几の上で昼寝もしてよかった。訪ねる人は此処にいる間は自分の庭にいるような気でいても、よかった」と、犀星は文学碑について書きとめている。

碑の建つあたり、夏は深い緑の落葉樹にかこまれ、秋は黄金色から紅色に染まる木の葉に埋もれる。冬は葉の散りつくした樹々に雪が降りかかり、清冽な白の風景をみせる。

丸太を二つに切ったベンチに腰を掛

け、筆者は時として碑に刻まれた詩を見つめていたりする。

我は張りつめたる氷を愛す
斯る切なき思ひを愛す
我はそれらの輝けるを見たり
斯る花にあらざる花を愛す

軽井沢のぴんと冴えた空気にふさわしい詩句であり、創造する者の、張りつめた精神の緊張感といったものを想わせる。

木のベンチから立ち上がり、ふたたび林の中を歩く。わずかに陽《ひ》がかげりはじめた。落葉松や樅の、樹々の梢を吹きすぎてゆく風の音。来た道を逆にたどり、林をぬけると、旧道に沿って建つ「つるや旅館」の前に出る。

文士の宿「つるや旅館」

中山道軽井沢宿の旅籠であった「つるや」は、昔日の面影を残す宿として旧軽ではただ一軒、江戸時代と同じ場所で旅館業を営んでいる。明治中期ごろから、軽井沢を訪れる文学者たちの定宿となった。

大正時代に入ると、さらに多くの作家たちが「つるや旅館」に滞在するようになる。大正九年の夏、はじめて軽井沢に来た室生犀星は、島崎藤村の紹介で「つるや」に宿泊し、それ以後大正一四年まで毎夏、逗留して仕事をしていた。

犀星の誘いによって萩原朔太郎、芥川龍之介、堀辰雄などが相前後して訪れた。大正一三年七月から八月までの一ヵ月間を、芥川は「つるや」で過ごし、そこへ当時金沢にいた犀星が加わり、堀辰雄も合流する。

江戸時代、中山道の宿場町当時から同じ場所に建つ「つるや旅館」。犀星、芥川、堀、志賀直哉、菊池寛他、多数の文学者が滞在して執筆を続けた。　写真提供：軽井沢高原文庫

この時、アイルランド文学のすぐれた紹介者であり、翻訳家、歌人でもあった片山広子（ペンネーム松村みね子）も、「つるや」に滞在していた。芥川や犀星、堀辰雄などから「梔子《くちなし》夫人」と呼ばれた片山広子は、色の白い、気品のある美しい夫人であった。

彼女は日銀理事であった片山貞次郎の未亡人で、長男達吉（ペン

ネーム吉村鉄太郎）と娘・総子の母である。

アイルランド文学に関心を寄せていたのは芥川と菊池寛であった。芥川自身もイェイツの作品を翻訳したり、「シング紹介」（シングはアイルランドの戯曲作家）を書いたりしていた。

芥川にとって片山広子は、「越しびと」等の抒情詩に記されているように、ほのかな思慕の対象であった。芥川三二歳、片山広子四六歳のときの〈めぐりあい〉である。

大正一四年の夏、芥川は再び「つるや」に滞在する。芥川と広子、広子の娘・総子、そして堀の四人が心理的に絡み合うドラマは、のちに堀辰雄の作品群で描かれてゆくことになる。

室生犀星は大正一三年、「つるや旅館」で芥川と襖をへだてて隣り同士の部屋に滞留する。その夏の日々を「碓氷山上之月」という随筆に書きとめている。

「はじめ澄江堂（芥川龍之介の雅号）と襖合せではおたがいに仕事の都合がわるくないかと思ったが、一しょにいると澄江堂というひとはよくできた人物だと思った」と、犀星は芥川について書き、片山広子のことは文中、ペンネームで「松村みね子さん」、娘総子は「そのお嬢さん」と記している。

芥川と犀星は「つるや」で読書や仕事をする傍ら、「軽井沢ホテル」や「万平ホテル」へ出かけることもあった。食事をしたり、旧道周辺を散歩したり、片山母娘や「つるや」の主人と碓氷峠へ月を見に行くこともあった。随筆「碓氷山上之月」は、そうした夏の出来事を、さりげない記述の中で、鮮明に描き出しているのである。

「つるや旅館」は、昭和四六年に火災のため焼失。島崎藤村、谷崎潤一郎、芥川龍之介、室生犀星、堀辰雄、志賀直哉などが滞在した部屋は残っていない。しかし大正一〇年頃、二代目市川左団次が「つるや」の裏庭に造った別荘だけは残った。純和風建築の客間と茶室を備えた、風雅な趣のある建物である。

この一棟はのちに「つるや」が譲り受け、奥館の離れとして、林房雄や火野葦平、小山いと子などが滞在した。この「雨翠荘」の座敷は、芥川や菊池寛、室生犀星など作家たちが集まるサロンにもなっていた。この部屋は現在でも宿泊客のために使われている。

昭和四七年、「つるや」は千本格子に出桁造りという昔の姿を残す形で再建された。石坂洋次郎や柴田錬三郎は新しい「つるや」でカンヅメになって原稿を書いた。吉屋信子もよくこの宿を利用したという。「つるや旅館」は今も、文学者にゆかりの深い宿として人気を保っているのである。

犀星の別荘――『我が愛する詩人の伝記』

大正一五年から昭和五年まで、室生犀星は愛宕山下の別荘六五八番を借りて、家族とともに夏を過した。のちに堀辰雄はこの家を借りて、第三の別荘としている。当時の建物は建てかえられているが、向かい側には片山広子の住んだ別荘（六五一番）が残る。付近は樹々の間に未舗装の小径が続き、木もれ日の射す静かな別荘地だ。

昭和六年、犀星は大塚《だいづか》山の麓の土地を借りて、新しい山荘を建てた。一一三三番の家は、平屋の純和風の造りになっている。

金沢の出身である犀星は、日本の伝統文化に対する美意識を、その気質に持つ作家だった。生涯でただ一度、中国旅行に出たときをのぞいて、日常は和服姿で通した。数寄屋風の自宅を建て、丹精して庭を造り、一〇代から俳句も詠んでいた。

犀星の別荘は、旧道沿いの観光会館横にある道をまっすぐ歩き、軽井沢会テニスコートに突きあたったところを左に曲る。テニスコートから一つ上の道を右へ行くと、細い土の道にぶつかる。そこを少し下っていくと、左手にある。

犀星の作った別荘の柴垣は、板塀になっているけれども、建物は犀星が住んだ昔日の姿をとどめ、閑寂の趣を漂わせている。

秋に訪れたとき、玄関のガラス戸越しに見えた障子紙の白さに、筆者はふと心惹かれた。庭の樹々の葉が秋の季節に染められ、黄色、オレンジ色、紅色などの彩りをみせる。

犀星は死去する前年の昭和三六年まで、毎年夏をここで過し、仕事をつづけていた。また昭和一九年から同二四年まで、疎開生活を過したのもこの家であった。

堀辰雄や詩人の立原道造、津村信夫なども、この犀星宅をしばしば訪れていた。

『我が愛する詩人の伝記』には、犀星自身よりも早く逝ってしまった、堀たち三名の愛弟子に対する深い哀惜の思いが、書きとめられている。作家の目で書かれた、すぐれた評伝のひとつといえるだろう。

犀星の山荘には堀、立原、川端、福永、津村など多くの文学者が訪れ親交を深めていた。
写真提供：軽井沢高原文庫

「堀という男はその気質を持って対手《あいて》にいつも善意をあたえていた」と犀星は堀について書いている。また立原道造のことは、次のように書き記す。

「立原道造の思い出というものは、極めて愉しい。軽井沢の私の家の庭には雨ざらしの木の椅子があって、立原は午前にやって来ると、私が仕事をしているのを見て声はかけないで、その木の椅子に腰を下ろして、大概の日は、目をつむって憩《やす》んでいた（略）いつ来ても睡い男だ。そよかぜが頬を撫で、昏々と彼はからだぐるみ、そよかぜに委せているふうであった」

早起きをして、信濃追分からわざわざ自分の別荘をたずねてくる立原を思いやる、犀星らしい情愛のこもった筆致だ。

門の横にある、紅葉の木の下に置かれてい

た籐椅子で休息したり、室生家の人達とお茶や食事のひとときをすごしたり、あるいは後年増築した離れに泊まるなど、堀、立原、津村の三人にとって犀星の家は、善良な人の心映えに触れる、安らぎの場所であったのにちがいない。

昭和三四年、犀星の『我が愛する詩人の伝記』は毎日出版文化賞を受賞している。

犀星の別荘には愛弟子以外にも、桜の沢（幸福の谷）に別荘をもつ川端康成、雲場池近くに住んでいた正宗白鳥、その他詩人や作家、評論家、編集者が訪れていた。犀星は客の世話もよくし、心配りのある贈り物をするなど、優しさをもつ人であった。一面では野性的な荒々しさを持ちながら、反面、人生の哀感をみてきた犀星にとって、あふれる情念は詩にうたわれ、時には軽妙なユーモアとなって、周囲の人々に示されたのである。

『杏っ子』の舞台

長編小説『杏っ子』は、昭和三一年一一月から翌年八月まで、東京新聞に連載された。単行本は新潮社より出版され、ベストセラーとなる。

『杏っ子』は、犀星にとって自伝的小説の総決算ともいえる作品であった。第六章の〝釦の店〟から第八章の〝結婚〟までのストーリーが、軽井沢を舞台に展開する。そこでは、犀星が家族とともに疎開生活を過ごした様子と、戦後の軽井沢が描かれている。

主人公は、平山平四郎という作家である。病身の妻りえ子、娘杏子とその弟平之介が主人公の家族として登場する。平四郎は犀星の分身であろう。

作品『杏っ子』の中では、旧軽井沢の旧道（旧軽井沢銀座）や、雲場の池、矢ヶ崎川に沿って白く続く、ささやきの小径などが描かれる。

新道から六本辻をすぎて、落葉松の並木道をまっすぐ行くと、雲場川にかかる池見橋に出る。落葉松や白樺の林にかこまれた雲場の池は、外国人宣教師たちにスワンレイクとよばれた美しい湖である。南北に細長く、周囲には小路もあり、樹々の間を散歩しながら一周できる。

夏は観光客の多いスポットだが、秋から冬の季節もいい。紅葉の多彩な華やかさが、くっきりと水面に映ってみえる。周囲の樹々は冬の雪が降りつづいたあと、霧氷の幻想的な風景となる。子供のころに読んだ絵本『雪の女王』に出てくる宮殿のように、きらきらと白く輝き、雪晴れの日にはサファイアブルーの空が広がる。

旧軽井沢を中心としたドラマが描かれたあと、作品の舞台は東京へと移ってゆくのである。犀星は、『杏っ子』その他の業績によって、昭和三三年読売文学賞を受賞したのであった。

正宗白鳥文学碑——一ノ字山・吉ヶ沢のあたり

室生犀星文学碑から坂を上り、右へ曲がって山道をさらに登ってゆくと、左手にユースホステルの廃屋がある。その建物を通りすぎ、右に小川の流れを見ながら樹々の間の道を上ったところに、白鳥の文学碑は建っている。

一ノ字山の中腹、盛土をして少し高くなった所に、十字架を形どった黒御影石の碑が建ち、ギリシャの詩が白鳥の自筆で刻まれている。碑はそれほど大きくないが、かえって奥ゆかしさを感じさせる。碑の後ろには小川が流れ、瀬音が聞こえてくる。清爽な空気に包まれる、碑の在り所だ。

花さうび　花のいのちは　いく年ぞ
時過ぎてたづぬれば　花はなく
あるはただ　いばらのみ

正宗白鳥は「軽井沢ホテル」や貸別荘に滞在したのち、昭和一五年、雲場の池近くに別荘（二一九六番）をもった。夏だけではなく、昭和一九年からは疎開生活を送り、昭和三二年まで軽井沢で暮した。『日本脱出』という小説は太平洋戦争中の軽井沢を舞台に書かれた一種の思想小説である。

有島武郎終焉地の碑――三笠別荘地周辺

旧軽井沢ロータリーから三笠通りを歩いてゆくと、一本松のバス停がある。精進場川を左に見て三笠パークまで、落葉松の並木道が一直線につづく。三笠パーク入口のバス停から、狭くなった道を歩いてゆくと、右側に有島武郎終焉地碑の道標がある。そこから右に小道を上った所が、有島家の別荘「浄月庵」の跡地だ。

大正一二年六月、有島武郎は「婦人公論」の記者・波多野秋子と、別荘階下の応接室で縊死した。白樺派の作家として知られた文学者の、衝撃的な情死事件であった。

「浄月庵」は現在、「軽井沢高原文庫」の前に移築されているが、別荘跡には有島武郎の碑が建つ。石垣の上に幅一メートルほどの丸型の石を置き、碑面には弟・有島生馬の文字で「有島武郎終焉地」と刻まれている。傍らにある英文の碑は、武郎がスイスで知りあった少女にあてた手紙「武郎からチルダへ」の一節が、英文で彫られている。碑の周辺は雑木林で、夏は緑の樹々におおわれる。

有島武郎は軽井沢で過ごした大正七年の夏の様子を短篇小説「小さき影」にまとめ、『生まれ出《い》づる悩み』を「浄月庵」で執筆していた。

有島の別荘跡から細い道を下って、ふたたび三笠通りに出る。前田郷のバス停から少し北へ行くと、落葉松林のなかに木造洋風建築の「旧三笠ホテル」(国の重文)がある。

チョコレート色の板壁、オフホワイトの太い窓枠、赤い屋根が付いた八角形の塔屋など、色彩のコントラストがあざやかだ。

このホテルを建てた銀行家山本直良《なおよし》の妻は、有島武郎の妹・愛子であった。その関係で武郎や弟の生馬、里見弴など、白樺派の人々がサロンとして使うこともあったという。三笠マークMとH

「白樺派」を代表する作家、有島武郎
写真提供：軽井沢高原文庫

有島の別荘「浄月庵」。大正 12 年 6 月、有島は婦人記者波多野秋子とともに縊死。この山荘は「高原文庫」の向い側に移築され、1 階はティールームとして公開されている。
写真提供：軽井沢高原文庫

の文字が入ったカーテンボックスは、有島生馬のデザインによるもの。ロビーで見られるローマ・トスカナ様式の柱やシャンデリアなど、当時の華やかな雰囲気をしのばせ、ここで開かれた舞踏会のさざめきが、どこかに残っているかのような洋館のたたずまいだ。

宮本輝――『避暑地の猫』の舞台

『避暑地の猫』は昭和五八年一〇月から翌五九年一一月まで「IN・POCKET」に連載され、昭和六〇年に単行本が出版された。

作者の宮本輝は抒情性をそなえたストーリーテラーとして評価が高い。宮本は昭和五五年から毎年夏を軽井沢ですごし、昭和六三年夏には仕事場として軽井沢に別荘を建てた。

『避暑地の猫』は軽井沢を舞台に、敷地三四〇〇坪という広大な別荘をもつ布施家の人々と、片隅の小屋で暮らす別荘番、久保家の家族を中心にドラマが展開する。両極端の経済状態にある二つの家族に起こるさまざまな出来事は、心理サスペンスのロマンとして、一気に読者を物語の世界に引き込んでゆく。

布施家の別荘が想定された所は、旧三笠ホテルの手前の道を折れたあたり、ということになっている。一本松のバス停から北へ、三笠通り一帯は、政財界人や著名人の別荘が多い所だ。外国人宣教師たちが最初につくった簡素な山荘とは比較にならない、大邸宅が散見される。

布施家の別荘は、昭和一二年にドイツ人が建てたものとして紹介される。「高い門柱と、真鍮製の特別誂《あつら》えの門扉には、苔と蔦が絡み合い、隣接する名だたる財界人や政界人の別荘と較べてもひけをとらないばかりか、その門の風情は、ずっと奥の、白樺の樹林越しに見える屋敷に、一種神秘的なたたずまいを与えるほどだった」と、外観や周辺のイメージを具体的に描いている。

別荘番夫婦の息子・修平は、この邸宅には「何かしら不気味な暗さ」が花柄のカーテンやベッドカバー、ランプシェードなどの贅を凝《こ》らしたインテリアにまとわりついているると感じる。富の象徴であるかのような屋敷に漂う「不気味な暗さ」は、後に起こる悲劇を暗示しているのであろう。両家に見られる歴然とした貧富の差は、この小説の重要なシチュエーションだが、壮大な別荘地をおおう霧の描写が、この物語を展開させる、幻想的なエレメントになっている。

『避暑地の猫』では、軽井沢のさまざまな場所が出てくる。三笠通りから旧軽銀座へ通じる道、鹿島ノ森や雲場の池、反対方向にあるテニスコートや諏訪神社、そして矢ヶ崎川を渡って「万平ホテル」のあるあたり、あるいは「聖パウロカトリック教会」。深閑とした霧の深い森など、映画のフラッシュバックのように、物語のなかで効果的に描かれているのである。

軽井沢には多くの別荘地が有るのだが、各々異なった風情を持っている。三笠周辺はむしろ貴族的な雰囲気を感じさせるエリアと言えるのであろう。

川端康成山荘――随筆「秋風高原」の舞台

川端康成が最初に軽井沢を訪れたのは、昭和六年であった。同一一年の夏、川端は旧軽銀座の「神宮寺」の横にあった「藤屋旅館」に滞在し、原稿を書きながら、「神宮寺」の庭を眺めたり、「ユニオン・チャーチ」から「万平ホテル」へ散歩に出掛けた日々を、「軽井沢だより」に書いている。

随筆「面替行《おもがえゆき》の日」では「女房を連れ出し、堀君受売りの説明など聞かせながら、『ユニオン・チャーチ』の庭から諏訪の森を通って、サナトリウムへ行くアカシャの路を歩いた（略）『万平ホテル』あたりではもう夕闇が濃く、北幸《きたさち》の谷やオミ・パアクは省いて、室生家の前から水車の路を帰った」という具体的な記述がみえる。

川端は、堀辰雄や堀の友人である神西清などと面替の集落を訪ねたり、室生犀星の別荘に立寄ったりしている。堀辰雄が作品の中で書いていた同じ散歩道を、川端も夫人を伴って歩いた。その同じ道を、私たちは今でもたどることができる。

昭和一二年の七月から九月まで、藤屋旅館に滞在していた川端康成は、『雪国』によって文芸懇話会賞を受賞し、その賞金で桜の沢にある第一の山荘（一三〇七番）を、外国人宣教師から購入した。

数多くの名作を残し、ノーベル文学賞の受賞作家であった川端康成。川端山荘は今も「幸福の谷」に当時の姿のまま残されている。
写真提供：軽井沢高原文庫

「山小屋を買った年、私夫妻は十一月の末までいた。まわりの小屋はみなとざされ、雑木の葉は落ちつくし、町に出る道はまだら雪だった。私たちが去ったあとに、堀辰雄君が来て冬を過ごし、この山小屋で『風立ちぬ』の終章ができた」

　川端康成は野上彰『軽井沢物語』の序文で、このように書いている。堀辰雄は『風立ちぬ』の最終章「死のかげの谷」をここで書きあげたのであった。

　この第一山荘で川端自身は小説「父母」「百日堂先生」『高原』「日雀」「義眼」などを執筆した。第一山荘は現在の川端山荘の一軒上にあったが、すでに取り壊されて現存しない。

　山荘のある幸福の谷《ハッピーバレィ》について、川端は随筆「秋風高原」で、つぎのように書き記している。

「私の山小屋の表の谷を、五六十年前このあたりに山小屋を立てた外国人宣教師たちが『南幸《みなみさち》の谷（HAPPY VALLEY SOUTH）』と名づけ——土地の人は桜の沢と呼んでいる。——裏山の向うの谷を

『北幸《きたさち》の谷』と名づけた」

幸福《ハッピーバレイ》の谷という名称は、アジアの他の国でもいくつか見うけられるという。一九世紀の植民地時代に英国人が自分たちの住んだ場所に、しばしば名づけたらしい。

昭和一六年、太平洋戦争が勃発。帰国をいそぐ外国人の売家が急増する。川端康成は、その西隣りの山荘（第二別荘一三〇五番）をイギリス人宣教師から買い求め、旧山荘より移った。堀辰雄がスミス山荘を購入したのも、この年である。

幸福《ハッピーバレイ》の谷へ行くのには、いくつかのコースがある。川端康成が旧道へ出る近道にしていた、室生犀星の別荘がある土の径をたどるのも、ひそやかな趣のある散歩道だ。

矢ヶ崎川にかかる白い橋を渡り、HAPPY VALLEYの矢印がある所を曲る。杉皮張りの古い別荘を保存している、シーモアハウス（一一二八七番）を右に見て、雑木林のつづく石畳を上って行くと、左側に川端山荘が見える。

深い緑の樹々と苔のおおう低い石垣、浅間石を敷きつめた道には、時折り木漏れ日が揺れる。筆者は幾たびか、この石畳の道を歩いていたが、雪の日に訪れたいと思った。

朝方、窓を開くと、粉雪が舞うように降っていた。気温は氷点下一二度まで下がっている。

林の道は、昨夜からの雪におおわれ、私の靴跡いがい足跡もない。舞っていた雪はいつか止み、冬の陽射しが枝の雪に映えて、樹々は銀白に輝いている。

林間につづく雪の坂道を、一歩ずつ上って行くと、枝に積もった雪が遠くでパサッと音を立てて落ちてゆく。その他に人影もなく、物音もない。しんとした深い静寂があり、孤独な世界がある。川端山荘は、谷の道から急斜面を上った高台にある。傾斜のきつい庭の桟道も雪におおいつくされていた。

この山荘について、川端は「三方から見ると二階、もう一方の西から見ると三階という、おもしろい姿である」と、『秋風高原』に書いている。

三階の窓からは浅間山が見えるという。

「一年ぶりで私はまた浅間山に向いた机で、『秋風高原』の季節と場所で、これを書きつぐことになった」と文中にある。窓から見える浅間山の鮮麗な姿に、川端もまた強く心惹かれていたのであろう。

「浅間山は夕色に染まって美しさを極め、その美しい色は刻々に変り、(略)強く赤い夕日は浅間山と離山とのあいだに落ちかかって、私の庭の雑木のなかにあった。高くひろがる雑木の葉と葉のすきまはすべて夕日の色であった」(『秋風高原』)

幸福の谷《ハッピーバレイ》は、もともと明治時代に外国人宣教師たちが別荘をつくった地域だった。川端の山荘も、ベランダやレンガ色の煙突が設けられ、当時の別荘の外観をとどめている。

「その昔の宣教師の山小屋の骨組みと形はほとんどもとのままにして、だいぶん修理を加えたが、古風なものである」(『秋風高原』)という言葉どおり、この山荘は簡素なロッジ風の別荘としても、貴重な建物といえるだろう。

『秋風高原』は昭和三七年から中断はあったが、書き継がれた随筆である。作者自身の日常、軽井沢の風物や親交のあった作家たちをダイレクトに描いている。

たとえば、多くの人たちから好意を持たれた堀辰雄に、川端もまた懇切な友情を物心両面で示していたのである。

川端は室生犀星とも交友を深めた。犀星の詩碑について『秋風高原』で触れて、「高齢になお天才の輝きを増す強靭な作家」の一人として、犀星を高く評価している。

正宗白鳥や、三笠通りの近くに別荘があった吉川英治の思い出も、この随筆で書きとめる。しかし知友が次々と他界してゆくと、川端のさびしさや哀惜は深く、『秋風高原』の連載は昭和三九年、ついに筆が擱《お》かれたのであった。

川端康成——小説『高原』の舞台

小説『高原』は、昭和一二年から一四年にかけて「文藝春秋」その他に発表された。この作品は第一山荘（一三〇七番）で書かれている。

昭和一二年といえば、日中戦争がはじまった年であり、中国大陸での戦火は、やがて激しさを増してゆく。川端は『高原』のなかで、出征軍人とそれを見送る妻の姿、四〇ヵ国におよぶ軽井沢在住の外国人についても書き記している。

たとえば夫が日本で亡くなった後も、日本の方々に教会を建て、幼稚園をいくつも開いたという盲目のイギリス婦人の話。この英国貴族の婦人は、夫が遺した多額の財産を異国のために寄付し、自分は極めて質素に暮していたという。そうした軽井沢での見聞が、小説の素材となっている。印象記風の作品といってもいい。

『高原』のなかに出てくる、外国人の子供学校の音楽会が行われた「ユニオン・チャーチ」は、軽井沢会テニスコートと道をへだてた右側にある。ここはカナダ・メソジスト教会の宣教師であったダニエル・ノーマンが中心となって設立された、合同教会である。ヴォーリズの設計によるもので、大正七年にはほぼ現在の形を整えていた。宗派を越えて礼拝が行われ、コンサートなども開かれている。

わずかに残照がある夏の夕暮れに、「ユニオン・チャーチ」の横を通って、諏訪の森のあたりまで歩いた。川端康成がよく散策し、作品に描いた場所だ。たそがれの色が森に迫りはじめる。「ユニオン・チャーチ」の十字架は白い光をともし、教会の建物を映し出す。秘めやかな静謐につつまれる、夕暮れのひと時であった。

小説『高原』の最終部分で、川端は樅《もみ》の大樹が茂る北幸《きたさち》の谷の別荘を描いている。「闊達で、豊潤で、荘厳な樅の特色は、この二本の大樹に極まっているようであった」という記述は、樹木を愛した川端康成らしい筆致だ。

軽井沢には落葉松や白樺の林、アカシアの並木とともに、樅や朴《ほお》、楢《なら》、櫟《くぬぎ》、柏《かしわ》、胡桃《くるみ》、栗などの樹々も多い。林のなかに建つ別荘の間を歩いていると、川端が書いたような樅の木のある家を見つけることがある。冬の季節、雪のなかで濃い緑の針葉をみせる樅の木は、端麗で崇高な姿をみせる。心魅せられる、軽井沢の風景である。

第三章

堀辰雄と軽井沢

堀辰雄と軽井沢

堀辰雄は大正一〇年（一九二一年）、東京府立第三中学校から第一高等学校に進んだ。同一二年、府立三中の校長であった広瀬雄の紹介によって、田端の室生犀星宅を訪れる。母とともに犀星の許を訪れた堀辰雄は、その年の八月、犀星に伴われて初めて軽井沢の「つるや旅館」に滞在した。九月に関東大震災があり、父母と堀は隅田川へ逃れたが、母は水死。そして震災後の一〇月、金沢に一時帰郷する犀星から、田端に住む芥川龍之介を紹介され、それ以降、堀は文学上の師二人から知遇を受けることになる。

大正一三年、堀は「つるや」で仕事をしていた芥川と犀星を訪ねて、軽井沢へ行く。翌一四年、東大国文科に入った堀は、夏の間を軽井沢で過した。この年、芥川や片山広子、その娘総子と追分へドライブした体験が、のちに『ルウベンスの偽画』として作品化される。軽井沢を舞台にした、最初の小説であった。

『ルウベンスの偽画』に出てくる、「町からすこし離れたホテル」というのは、万平ホテルであろう。町は現在の旧軽銀座である。

中村橋を渡り、落葉松林の道を歩いて、案内板を左に曲って行くと、桜の沢にそのクラシックな「万平ホテル」がある。

『ルウベンスの偽画』は、避暑客たちが去って行く晩夏の軽井沢が舞台になっている。

軽井沢をこよなく愛し、軽井沢を代表する文学者となった堀辰雄。　写真提供：軽井沢高原文庫

昭和 16 年に購入した堀の山荘 1412 番。このベランダの籐椅子で堀は読書するのが好きだった。この山荘には堀を敬愛する若き人達が多く集まった。現在は「軽井沢高原文庫」の庭に移築公開されている。　写真提供：軽井沢高原文庫

「本町通りは彼が思ったよりもひっそりしていた。彼はすっかりそれを見違えてしまうくらいだった。彼は毎年この避暑地の盛り時にばかり来ていたからである。彼はしかしすぐに見おぼえのある郵便局を見つけた」

当時の軽井沢は、避暑客が立ち去りはじめると、急に寂しくなっていたのであろう。現在は、秋や冬にも軽井沢を訪れる人たちが増えている。本通りから旧軽銀座にかけて、一年中開いている店も多くなった。

文中の旧郵便局は、今の観光会館がある場所に建っていた。会館の建物は木造二階建ての洋館で、旧郵便局の形を残したデザインになっている。三島由紀夫の『仮面の告白』でも「古風な郵便局」として登場し、主人公の「私」はそこで「園子」と待ち合わせている。なお、三島由紀夫の『美徳のよろめき』に描かれている「高原のホテル」は軽井沢の「万平ホテル」がモデルであろう。

『ルウベンスの偽画』に出てくる「巨人の椅子《ジャイアンツ・チェア》」は、地元で「かまど岩」とも呼ばれ、南軽井沢の矢ヶ崎山にある。現在プリンスホテルの人工スキー場になっているのが矢ヶ崎山だ。冬の季節にプリンス通りを南へ下って行くと、椅子のような形の大きな岩が、左側の山に見える。

「西洋人たちが『巨人の椅子《ジャイアンツ・チェア》』と呼んでいる丘へ通ずる一本の小径」と堀辰雄が書いた「丘」は、前後の文章から判断して愛宕山ではないかと思う。旧軽銀座を左に曲り、水車の道から愛宕山のオルガンロックという柱状の岩へ続く、一本の小道が実際にあるからだ。おそらく愛宕山にあるオルガンロック（風琴岩とも言う）と、矢ヶ崎山のジャイアンツ・チェアが、意図して南北反対に書かれたのであろう。

堀辰雄――『聖家族』の舞台

大正一三、一四年のふた夏、軽井沢を訪れた芥川龍之介は、聡明で典雅な女性であった片山広子に心惹かれる。一方、堀は片山夫人の娘・総子に「愛の最初の徴候」を感じるのだが、この想いは実ることなく、二人の間は友情から、のち別離で終わった。

芥川と片山広子、堀辰雄と総子という、四人の絡まり合った心のアラベスクは、昭和二年七月、芥川自殺の後、堀に『聖家族』を書かせる重大なモメントとなった。

師芥川の突然の死は、堀辰雄にとって激しい衝撃であった。その後、堀は重病にかかり、休学という事態になる。堀の出世作『聖家族』は、芥川の死後三年を経て、昭和五年一一月に、発表されるのである。

当時、堀の生活は貧しく、精神的な拠所《よりどころ》を探し求めて、大森にある片山広子と娘・総子（ペンネーム宗瑛）の家を、しばしば訪れていた。

精緻な心理描写を駆使した『聖家族』はパセティックな主題（愛と死）をひめやかにはらみながら、登場人物の陰影を描き出した心理小説である。

虚構化された作品だが、登場人物の九鬼は芥川を、細木夫人は片山広子を、夫人の娘・絹子は片山総子を、そして河野扁理は堀自身をそれぞれモデルとしているのであろう。

「数年前のことだった。軽井沢のマンペイ・ホテルで偶然、彼女は九鬼に出会ったことがあった」(『聖家族』)と記された「彼女」とは細木夫人、すなわち片山広子である。

軽井沢での二人の「出会い」は、「つるや旅館」滞在中であったが、この作品の中では「万平ホテル」として書かれている。

「九鬼が夫人をよほど好きなのではないかしらと思い出したのは、ずっと後のことだ。その当時は、ただ九鬼が夫人を心から尊敬しているらしいのだけが分った。それがいつしか夫人を彼の犯し難い偶像にさせていた。ホテルでは、夫人の部屋は二階にあって、向日葵《ひまわり》の咲いている中庭に面していた。(略)そこへ一度もはいる機会のなかった彼は、向日葵の下から、よくその部屋を見上げた。それは非常に神聖な、美しい、そして何か非現実なもののように思われた」(『聖家族』)

当時の「万平ホテル」の建物は、昭和一一年に改築されたため残っていない。しかしホテルの中庭はメイン・ダイニングルームと客室に挟まれる形で現存している。

片山広子とのめぐり会いは、ひめやかな恋情として芥川に抒情的な詩《うた》を書かせた。いわゆる「越しびと」事件である。「越しびと」とは広子をさし、二五首の旋頭歌は、芥川の広子に対する想いの深さを読みとることができる。

むらぎものわが心知る人の恋しも

み雪ふる越路のひとはわが心知る（「越しびと」龍之介）

芥川の死をモチーフとして書かれた『聖家族』は、堀辰雄の作家的位置を確実なものにする作品となった。

堀辰雄――『美しい村』の舞台

昭和八年（一九三三年）の六月はじめから九月まで、軽井沢に滞在していた堀は、『美しい村』の各章を執筆していた。この作品は、ブラームスのヴァイオリン・コンチェルトを聴いているような、流麗かつ実験的な作品と言える。そこにはドラマティックなストーリーの展開はない。音楽的な手法を取り入れ、軽井沢の風景描写と情感の繊細な流れが、ときにはピアニシモで、またある部分ではフォルティシモで描かれる。

「僕のいま起居しているのはこの宿屋の奥の離れです。（略）母屋の藤棚が真向うに見えます」（第一章「序曲」）

宿屋と言うのは、「つるや旅館」であり、藤棚は今も庭に残っている。野バラが小さな白い蕾《つぼみ》をつけている、軽井沢では最もさわやかな初夏の季節から書き出され、それは夏の華やぎへの「序曲」になっているのだ。

「或る小高い丘の頂きにあるお天狗様のところまで登って見ようと思って（略）去年の落葉ですっかり地肌の見えないほど埋まっているやや急な山径を（略）上って行った」（第二章「美しい村」）

小高い丘というのは愛宕山であり、お天狗様は地元の人が風琴岩ともよぶオルガンロックのことだ。外国人たちがベルヴェデールの丘とよんでいたのは、この愛宕山である。

早春にしては暖かな日、筆者は別荘地を通って、愛宕山へ続く小径を登って行った。右に愛宕神社参道入口という道標があり、そこから径は階段の急な登りになる。参道は昨秋からの深い枯葉におおわれていて、一歩ごとに靴は落葉の中に埋れてしまう。

『美しい村』で描かれているような雑木林の中に古いヴィラを見つけて、その壊れかけたベランダに、しばらく佇んでいた。堀辰雄が眺めていたであろう、ずっと下の方に見える軽井沢の町のあたりを、筆者も見つめていた。鳥の声、そして林を吹きすぎる風の音が通りすぎてゆく。

『美しい村』に繰り返し出てくる「サナトリウムの建物」は、すでに取り壊されて残っていない。森浦橋を渡り、矢ヶ崎川に沿って下った左側に、かつてサナトリウムはあった。その前の道を外国人たちはサナトリウムレーンと呼んでいた。

今では丈も高くなってしまったが、当時は人の背丈ぐらいだったアカシアの並木が今もある。まっ白で小さな花房の咲くアカシアは、その香りとともに、初夏の軽井沢を彩る風景になっている。矢ヶ崎川に沿ったサナトリウムレーンは、現在「ささやきの小径」と名付けられていて、夏の新緑から、秋の紅葉にかけて風景の美しい散歩道となる。

作品に登場するチェコスロバキア公使館の別荘は、作中にある「水車の道のほとり」ではなく、のちに堀が買うことになる、一四一二番の別荘の向い側にあった。公使館の別荘からピアノが聞こえてきて、バッハのト短調、遁走曲だと主人公は気付く。「一つの旋律《メロディ》が繰り返されているうちに曲が少しずつ展開して行く」（「美しい村」）。

これは、堀辰雄が『美しい村』で音楽的な作品を意図した表現方法であった。同じ場面を繰り返し描く、そのバリエーションが、一つの作品に展開してゆく手法である。

第三章「夏」と第四章「暗い道」の中で、繰り返し登場する「水車の道」は、旧道の北側を並行して通っている。「つるや旅館」の少し上を左に曲ってゆくと、この道に入る。「つるや」の裏側を小川が流れ、そこに水車が回っていた。

水車の道の途中にある「聖パウロカトリック教会」の前あたりから、旧道へ通じる教会通り付近の一帯が、かつて「軽井沢ホテル」のあった所だ。旧本陣の跡地に純洋風のホテルが造られ、明治三三年（一九〇〇年）に開業し、軽井沢社交界の人々が集《つど》う場所になっていた。

芥川龍之介はこのホテルを好み、大正一三年（一九二四年）の「軽井沢日記」に、犀星や堀とともに、夕食や喫茶のひとときを過したことを書きとめている。堀もこのホテルに滞在し、原稿を執筆していた時期があったのである。

堀辰雄――『風立ちぬ』の舞台

『美しい村』を上梓した堀辰雄は昭和九年四月、信濃追分の「油屋旅館」で仕事をはじめた。前年、軽井沢で知り合った矢野綾子とは九月に婚約する。綾子は『美しい村』の第三章で登場してきた女性だ。そして翌一〇年一二月に、綾子は八ヶ岳山麓富士見高原のサナトリウムで病死。一一年の九月から堀は再び「油屋」に滞留し、『風立ちぬ』の執筆が開始される。この作品のタイトルは、ポール・ヴァレリーの詩「海辺の墓地」にある、

風が吹く！　……生きねばならぬ！

という詩句から想起された。

矢野綾子との出会いから死までの経緯は、『美しい村』第三章以降、『風立ちぬ』の第五章「死のかげの谷」に至る作品の中で描かれている。

昭和一二年一一月一八日、『風立ちぬ』の最終章を残したまま、堀は『かげろふの日記』を脱稿。軽井沢の郵便局から原稿を郵送したのち、川端康成の山荘に一泊した。その留守中に、定宿としていた「油屋旅館」が隣家からの失火で全焼する。この時、立原道造、野村英夫も被災している。「つるや旅館」に避難した堀辰雄は、二六日に川端夫妻が山荘を引きあげたあと、旧川端山荘（一

三〇七番）に移って、『風立ちぬ』の最終章を書きあげる。この章の舞台は、川端山荘のある幸福の谷《ハッピーバレイ》だ。第五章のタイトルはその「幸福の谷」にする予定であった。しかし旧約聖書の詩篇から採って「死のかげの谷」と名づける。

冬、雪におおわれた幸福《ハッピーバレイ》の谷は「人けの絶えた淋しい谷」となる。病死した婚約者の追憶を語る章として、「死のかげの谷」はふさわしい題名であった。そして亡き綾子は作品の中で、ヒロイン「節子」として永遠に生かされてゆくのである。

最終章の中で、水車の道にある小さな教会が書かれている。この聖パウロカトリック教会は昭和一〇年、ワード神父によって建てられた。建築設計はアントニン・レイモンドである。木造板葺きの瀟洒な建物の屋根には、まっ白の十字架がみえる。教会の外壁に掲げられた小さな聖パウロ像は、レイモンド夫人の制作らしい。堀辰雄の「木の十字架」にも描かれた教会だ。

昭和一二年一二月、堀は野村英夫と旧川端山荘に住み、「谷が一面に見える屋根部屋で」最終章の執筆を続けた。クリスマスになり、雪に埋れた村の教会から、ミサの鐘の音が聞えた。すべての物が凍りつくような厳寒の軽井沢で、亡き人（作品の中では節子）への鎮魂曲《レクイエム》として「死のかげの谷」は一気に書きあげられたのであった。

堀辰雄と立原道造――信濃追分の思い出

昭和九年（一九三四年）から、堀辰雄は「油屋旅館」で文芸評論、エッセイなどの執筆を続けていた。この年、東大工学部に入った立原道造は、初めて追分《おいわけ》を訪れる。

立原は第一高等学校の学生であった昭和七年、向島に住む堀のもとを訪ね、同窓の先輩、また文学上の師として堀と親交が始まっていた。

立原は追分に来た年の八月、堀辰雄に伴なわれて大塚山下の室生犀星別荘を訪問。それ以後、犀星からも慈しみに満ちた扱いを受けるようになる。

立原と堀、芥川の三人は、共に府立三中から一高、東大という同じコースをたどった。三人とも東京の下町で育ち、年少の立原は府立三中で芥川以来の秀才と言われていた。

昭和九年、第二次「四季」が創刊され、立原はこの雑誌に参加し、翌一〇年から詩作品を相次いで発表する。立原独自の一四行詩、四連のソネット形式は、この頃にほぼ確立したと言える。立原の詩の多くは、信濃追分を舞台にしているのである。

「軽井沢高原文庫」の前庭にある、立原道造の詩碑に刻まれた「のちのおもひに」は、昭和一一年に追分で作られている。

夢はいつもかへつて行つた　山の麓のさびしい村に

「山」は浅間山を、「さびしい村」は追分村を詩《うた》ったものであろう。同年に作られた「ゆふすげびと」も、追分の道の辺《べ》に咲く、ゆうすげの花がマテリアルになっている。夕暮れの薄明りに咲く、淡く黄色いゆうすげの花を立原は好んでいた。

昭和一一年、堀は『風立ちぬ』の執筆を開始し、「四季」の同人となった立原は七月に追分へ行き、「油屋旅館」で野村英夫を知るようになった。のちに野村英夫は「四季」に参加し、立原、津村信夫とともに「信濃派詩人」と言われた。

昭和一三年、堀辰雄は多恵子夫人と結婚。毎年の夏を、軽井沢の別荘で過すことになる。この頃から立原の病状は、かなり進んでいたのであろう。休職して、再建されていた「油屋」に滞留したのであった。

近くの別荘には加藤周一が住み、千ヶ滝には中村真一郎、軽井沢には堀夫妻や室生犀星がいた。油屋には野村英夫、画家の深沢紅子《こうこ》も来ていた。しかし、師や友人に囲まれて、清適の日々を過した立原にとって、これが最後の夏となった。

一三年の一二月、立原は病状を悪化させ、中野区江古田の東京市立療養所に入る。そして翌昭和一四年三月、二四歳八ヵ月の短い生涯を閉じるのである。

追分宿の旧中山道を、分去《わかさ》れの方へ歩いて行くと、左側に新しい追分公民館がある。玄関前の左手の壁に、立原道造の詩「村はづれの歌」がレリーフになって刻まれている。

立原は、特に追分の風景を愛していた。真北に見える秀麗な浅間山、山麓の落葉松《からまつ》や白樺の林、北国街道と中山道の「分去れ」、そして四季を彩る野の花などを、その優雅なリリシズムで詩《うた》った優れた抒情詩人であった。

堀辰雄――『菜穂子』「ふるさとびと」の舞台

堀辰雄が昭和一六年に発表した『菜穂子』の登場人物、都築明《つづきあきら》は、その大部分、立原道造がモデルであろう。そして作中の「信州のO村」は追分村であり、「高原の避暑地」は軽井沢、「Mホテル」は万平ホテルだ。

「停車場からの坂道（略）尽きない森、その森もやっと半分過ぎたことを知らせるある岐れ道」（『菜穂子』）

作中にそう書かれた道を、幾たびかたどってみる。ひっそりした信濃追分の駅を出て、なだらかな坂道を歩いてゆくと、追分文化村のある所で道は二つに分かれる。楡や落葉松の林の中に別荘が建ち、明少年が夏の日を過した「森の家」の舞台は、この辺りかもしれない。

濃い霧が流れる森の風景は幻想的だ。また粉雪の降りしきる日は、清冽で冴えた空気に、全てがおおいつくされる。

左斜めに続く森の中の道を歩いて、国道一八号を横切り、旧中山道の追分宿に入る。この旧道は堀辰雄や立原道造、そして、多くの作家たちが通った道でもある。

西へ歩いてゆくと、右手に旧「油屋」が見える。堀が昭和一八年、「新潮」に発表した「ふるさとびと」は、脇本陣であった「油屋旅館」が舞台になっている。作中で「牡丹屋」という屋号で書かれている旅館である。焼失前の「油屋」は、追分旧道の南側にあったが、昭和一三年七月の再建で、現在の北側に移った。堀が「ふるさとびと」の構想を練った「つげの間」は、そのまま残っている。

追分旧道をさらに西へ向かうと、「ふるさとびと」の文中にもみえる「分去《わかさ》れ」がある。その分岐点には石の常夜灯があり、後ろに優しい面《おも》ざしの馬頭観音の石像が立っている。

追分旧道の北側に、曹洞宗泉洞寺があり、堀辰雄や立原道造もよくこの寺まで散歩していた。堀は小品「樹下」で、この境内の一隅にある小さな石仏について、「何かしおらしい姿」と書き記す。泉洞寺の山門横の小道を左へたどって行くと、墓地のすぐ右手に素朴な石仏が座っている。左手を頬にあて、思惟の姿をした如意輪観音だ。目鼻のあたりは磨滅しているけれど、古拙な可愛らしさを感じさせる仏である。

前日までの雪が泉洞寺の屋根に残り、晴れた空の広遠につづく青さ。澄みきった碧瑠璃の空は信濃追分の、そして軽井沢の色であり風景なのである。

信濃追分は、今もしっとりと落ち着いた雰囲気があり、学者や作家の別荘の多い所でもある。追分原には初夏からスミレやリンドウの愛らしい花が咲き、秋には枯葉の季節の訪れを告げるかのようにコスモスの花が群がって咲く。

堀辰雄文学記念館

落葉松の並木道を入って行くと、右に軽井沢町が建てた管理棟がある。その東南に堀辰雄の旧宅と独立した書庫が、広い芝生の庭に面して建っている。昭和二六年に建てた旧居は樹々に囲まれた敷地の中、陽光を受けて明るい。ガラス戸のはまった廊下には、愛用し

「スミス山荘」の内部と堀がクラシック音楽を愛聴した蓄音機。　写真提供：軽井沢高原文庫

ていた木机と椅子があり、使い込まれた電気スタンドも置かれている。

廊下の奥の、書斎兼病室であった日本間は、今もここで堀辰雄が執筆しているかのような、文学者の部屋という雰囲気が感じられる。

旧居の横に白い壁の家があり、そこは現在、展示室として使っている。堀の生涯をたどる写真やパネルが飾られ、鉛筆やペン皿などの他、白いセーター、ベレー帽、犀星から贈られたマフラーなどの遺品を展示している。

大正一二年に一九歳で軽井沢に来て以来、四九歳で生涯を終わるまで、その大部分を、堀は軽井沢と追分で暮した。そして、その代表作のほとんどは（王朝文学を別として）、軽井沢、追分を舞台として創作されたのであった。

第四章

夭折の詩人　立原道造

夭折の詩人　立原道造

立原道造が、はじめて軽井沢・信濃追分を訪れたのは、昭和九年の七月であった。東大に入った年の夏、約一ヵ月を旧脇本陣の「油屋旅館」に滞在。それ以降、心魅せられた軽井沢・追分を毎年訪れるようになる。

立原にとって、師として敬愛した堀辰雄、室生犀星との出会いは、詩人としての位置を確立する過程での貴重な、出会いであった。

さらに軽井沢と信濃追分の風景は、鋭敏な感性をもつ立原に作品創造の舞台と、詩想のモチベーションを与えるものとなる。

数多くの文学者が、この地を舞台に数々の名作を書きつづけて来たこと。また文学のみならず絵画、音楽、建築、工芸、その他の分野でも優れた作品群が残されている。それは軽井沢、追分の風土が創造への契機となりうる、作品を育《はぐく》む風土としての、自然のエネルギーを秘めていると言えるのかもしれない。

澄み切った群青の空の光、季節ごとに変化してゆく樹々の葉、川の流れ、草原の野の花といった、風景がもつ色調のあでやかさ。そこに歴史的文化や伝統が、時とともに集積されるわけだが、創造作用をうながす風土というのは、多くの人々にとっても心惹かれる要素をもっているのであろう。

立原の師、堀辰雄と室生犀星

立原道造は大正三年、東京日本橋の橘町に生まれた。家業は商品発送用の木箱を製造していた。家は日本橋問屋街の中ほどにあって、近くに水天宮や明治座があり、江戸いらいの下町情緒を、いまも残している界隈である。立原は六歳で父を亡くし、家業は母と番頭が取りしきって、後に弟の達夫が受け継ぐことになる。立原は小学校の六年間、首席を通し、府立三中でも芥川いらいの秀才と言われた。

堀辰雄に師事し、「四季」派を代表する抒情詩人であった立原道造。その詩集は今も多くの読者から愛されている。　写真提供：軽井沢高原文庫

芥川龍之介、堀辰雄、立原道造の三人は、順次、師弟としてのつながりをもつのだが、各々が本所、向島、日本橋の下町で育ち、府立三中、一高、東大という同じコースをたどっているのである。

多くの詩人がそうであったように、立原も短歌から詩のジャンルへと移行した詩人であった。一高短歌会に出席し、講師の近藤武夫

にも認められていた。一高在学中に、向島新小梅町の堀辰雄を訪ね、文学上のさまざまな教示を受けるようになっていた。フランス文学のジードやラディゲ、ドイツ文学のリルケ、シュトルム、ゲーテ、カロッサ等に傾倒してゆくのである。

この時期、堀は出世作となった『聖家族』（昭和五年）を発表し、旧軽井沢を舞台とする『美しい村』（昭和八年）を完成させていた。

昭和九年に立原は東大建築科へ進み、その年の夏に訪れた追分で堀と再会し、油屋に同宿することになる。旧軽井沢、大塚山《だいづか》下にある室生犀星の別荘に、堀が立原をともなって行ったのも、この夏であった。それ以降、立原はしばしば犀星の許をたずね、厚遇を受けるようになる。気性の激しい面もあるが、情に厚く、他者への配慮のある犀星を、立原は心の拠所《よりどころ》にしていたのであろう。

犀星は『我が愛する詩人の伝記』で、堀と立原の間には友情のこまやかさがあったと言い、犀星の別荘に来た日の夕方など、堀の買物を立原が持ってやり、連れ立って追分に帰る姿を書きとめている。若くして逝った愛弟子への哀惜をこめた記述であり、優れた伝記と言えるだろう。この著作によって、犀星は毎日出版文化賞（昭和三四年）を受けたのであった。

立原は堀の企画による月刊「四季」に参加することとなり、彼にとって「四季」は作品発表の主要な舞台となる。参加の翌年には、ソネット形式としての一四行詩を、ほぼ確立させていた。

豊かな才能にめぐまれていた立原は、一時期、美大への進学を考えたほど、パステル画などが巧みだった。建築の分野においても、三年連続して辰野金吾賞を受賞している。

きわめて聡明であり、さりげなく詩《うた》ったかにみえる詩作においても、厳密な努力と修練を続けていた。表面は軽やかで明るく、しかし詩人としてのメンタリティーは、孤独感と哀愁を内に秘めていたと思われる。

立原は屋根裏部屋の書斎を「バー・コペンハーゲン」と名付けていた。北欧のデンマークやスウェーデンに心惹かれた彼は、美しく優しい童話の作者であり、詩人であったアンデルセンの町の名を、自室に付けたのであろう。

非常な甘党で、お酒の飲めない立原だったが、書棚に置かれていた木いちご酒の瓶は、形見のように堀がもらい受け、追分の「堀辰雄文学記念館」に、いまも堀の遺品とともに残されている。

立原は長身痩軀であったが、まだ元気だった頃には、堀や野村少年、親交のあった画家の深沢紅子等と、追分の森の道や泉洞寺、追分原あたりを楽しげに散歩していた。

建築事務所に勤めはじめた立原は、この時期すでに病状が進行していたのであろう。体の不調を感じるようになる。昭和一二年第一詩集『萱草に寄す』を七月に、同年第二詩集『暁と夕の詩』を一二月に出版している。

遺された魂のソナチネ

詩から小説への転換を考えていた彼は、新たな転機を求めて、何かに駆り立てられるかのように、東北の旅へ、さらに長崎に向けて旅立つ。この長途の旅が、立原の病状を急速に悪化させた。昭和一四年三月、江古田の療養所で死去、二四歳八ヵ月であった。

信濃追分を愛した立原の詩風は、清楚で透明感があり、純粋な抒情性をもっている。南軽井沢にある「軽井沢高原文庫」の前庭には、立原が追分を詩《うた》った「のちのおもひに」が詩碑に刻まれている。

立原が追分や軽井沢で過した日々、周囲にいた人たちは心優しく温かであった。旧軽井沢には堀夫妻に室生犀星、追分油屋には画家の深沢紅子、野村英夫、千ヶ滝には中村真一郎がいた。立原は善意の人たちに囲まれていたと言えよう。

夭折の詩人として逝った、立原の詩は林を吹く風に寄せて、また高原に咲く花々に託した、詩人の魂のソナチネとして遺されているのである。

第五章

福永武彦と軽井沢、信濃追分

軽井沢で過ごした青春の日

福永武彦が初めて軽井沢を訪れたのは、昭和一六年の夏であった。東大文学部の仏文科を卒業し、日伊協会に勤めはじめた年である。開成中学校から、一高、東大、そして生涯を通して盟友であった、中村真一郎の誘いを受けての来軽であった。駅には中村が迎えに来ていた。

福永にとって軽井沢は、「爽やかな太陽とつめたい空気と、そして緑の樹々が眼の覚めるように思われる高原だった」という。旧軽井沢のメインストリートを通って、昔の郵便局（現在の観光会館）の向い側を左に曲がって行くと、愛宕山下の別荘地がある。今も濃い緑の木立ちが多い、静かな雰囲気のただよう別荘地だ。中村に誘われて滞在したベア・ハウスは、この愛宕山麓に建つ、森達郎所有の大きな山荘だった。

中村の案内で、福永がベア・ハウスに着いた時、庭先で、福永が滞在中に使うベッドの手入れをしていた青年が、初対面の野村英夫だった。彼は「癖のない髪を長くのばして、その額がいかにも聡明そうだった。ひどく子供っぽい微笑を真白い歯と共に見せたが、口数は少なかった」と、若き日の野村の印象を、福永は随筆『別れの歌』に書き記している。

ベア・ハウスでは各自一部屋を占領して、午前中は各々の勉学に専念した。福永は長篇『風土』に着手し、中村はバルザックの、野村はジャムの翻訳に精を出していた。そして午後は、矢ヶ崎川に沿ったアカシアの並木道に近い、釜の沢にある堀の別荘一四一二番を訪ねて行ったのである。

堀辰雄との貴重な出会い

福永が中村に紹介され、堀辰雄の知遇を得るようになったのは、この夏の出会いからであった。堀は「スポーティなジャケツ姿で」、ベランダの椅子にもたれて本を読んでいた。堀の「話振りは魅力的で」、福永はその「人柄にすっかり参ってしまった」と、後に回想している。多恵子夫人の親切なもてなしにも、家庭的な温もりを感じるのである。

堀辰雄を敬愛した文学者福永武彦。友人の中村真一郎にともなわれ、堀の山荘 1412 番を訪れたのが、2 人の出会いとなる。
写真提供：軽井沢高原文庫

「堀さんの人間的な温かみはすぐさま僕等を捉えて離さなかった」。そして都会的に洗練された趣味の良さ。「一度も機嫌が悪いとか、怒ったとかいう表情を示されたことはなく、にこやかな微笑が絶え間なく流れていた」。福永たちは堀をめぐって、「自分達の夢を育てていたような気がする」（『別れの歌』）とある。

翌一七年の夏、心臓神経症の診

断を受けていた福永は、七月下旬から九月末の、秋の気配の深まる頃まで、ベア・ハウスに滞在することになる。この夏、野村英夫、森達郎、中村真一郎、山崎剛太郎等が、森山荘での合宿生活を送っていた。野村が詩作をはじめるのもこの頃である。

福永たちは堀と一緒に散歩する日もあり、聖パウロ教会や、幸福の谷へ行ったり、犀星山荘の前を通ったりもしていた。他のメンバーが立ち去り、後に残った福永と野村は、暖炉に火を燃して、夜は二人で語り合った。

この年、福永は二四歳、昭和一六年・一七年の軽井沢の夏が、福永にとって思い出に残る青春の日々であったと言えるだろう。そこには温容で温かさのある、堀との貴重な出会いがあったのである。

堀辰雄、福永武彦の師弟愛

昭和二一年、福永は肺結核を発病し、翌二二年、清瀬村の国立東京療養所に入所する。同二五年には、最初の妻澄子（詩人・原條あき子）と協議離婚。何度も生命の危機に直面し、孤独と経済的窮乏という苦難にみちた、サナトリウムでの生活を送っていたのであった。

夏の軽井沢で執筆を開始した長篇『風土』は、療養生活の間も書き続けられ、昭和二七年、『風土』（第二部省略版）が「新潮社」から刊行された。

この年九月、福永は医師の許可を得て、信濃追分の、病床の堀を訪ねて行くのである。七年ぶりの再会であったが、堀の「親しげな微笑は、最早、この七年間の歳月を感ぜしめなかった」。ずいぶん痩せた堀の姿に接して、福永は胸の痛む思いがする。『風土』の出版に、尽力してくれたのも堀であった。

「油屋旅館」に滞在していた福永が、追分を去る日、「あまりお酒を飲んじゃ駄目だよ」と、堀は福永の体を気遣って忠告してくれたのだった。しかし、その日が永遠の別れとなるのである。翌二八年五月二八日、堀辰雄死去。「堀さんの訃報は僕等をおどろかせ、悲しませた」。しかし回想の中の堀はいつも「にこやかに微笑して」いて、「病いがちの一生」であったが、「幸福な生涯を送られたと、そう信じたく思う」と福永は、『別れの歌』に書きとどめている。

文学上の師としての堀辰雄に、福永武彦は常に深い敬愛の思いを持ち続けていたのであった。

『草の花』に描かれた信濃追分

長篇小説『草の花』は、昭和二九年「新潮社」より出版された。汐見茂思という知的な青年を主人公として、その愛と孤独、死といったテーマが描かれる。作品は「冬」「第一の手帳」「第二の手帳」「春」の四部で構成され、「第二の手帳」で信濃追分の駅から、旧追分宿への落葉松林の道、晴れた日の浅間山などが、物語のシーンとして描写されている。

晩年の堀の住いと、「油屋」旅館に近い福永武彦の山荘。信濃追分の自然の風景に愛着を持っていた福永は友人の加藤道夫の自死後、購入し、「玩草亭」と名付けた。
写真提供：軽井沢高原文庫

かつて、ここは堀辰雄や、立原道造、野村英夫、福永武彦、中村真一郎等がしばしば通《かよ》った道であり、新緑の季節や、夏の濃密な緑の樹々、また木の葉を彩る秋など、静けさのある美しい風景を現出する。

主人公の「僕」＝汐見が登山道からそれて、林道に入って行くと、橅《ぶな》や楢《なら》、櫟《くぬぎ》、松などの樹々が森閑と立ち茂り、白樺がすらりとした幹を見せている。福永は、高原の原始林の中を歩く主人公の「僕」と「千枝子」の青春の姿を描きながら、福永文学のテーマである、愛と孤独を主旋律として、やがて彼等の別離が奏でられてゆくのである。

千枝子と共に聴くことを願ったピアノ演奏会に、彼女は姿を見せず、汐見は独りでショパンの「ピアノ協奏曲第一番」を聴く。このピアノコンチェルトの旋律が、『草の花』の背景に、つねに低音で奏でられているかのように思われる、青春の書である。

　福永武彦は友人であった加藤道夫（劇作家）が自死したのち、昭和二九年に彼の残した追分の山荘を譲り受け「玩草亭」と名付けた。福永は昭和二八年四月、学習院大学文学部講師となり、同三〇年助教授、三六年には教授に昇進。大学が休暇に入ると、この山荘で読書し、原稿を書き、草花のスケッチをするのを好んでいた。追分の平和な静寂、澄み切った空の蒼さ、清爽な微風の吹きすぎる林道など、福永は追分に愛着を持っていたのである。

『海市』の舞台

　書き下ろし長篇小説『海市』は、昭和四三年「新潮社」より刊行された。この作品中、軽井沢の旧道（現在の旧軽井沢銀座通り）あたりの、「樵や白樺の木に囲まれた小ぢんまりした平屋の洋館」や、主人公の画家が滞在する「軽井沢のホテル」などが、夏の場面で描かれている。

　このホテルは、周囲に別荘地帯があり、画家の渋太吉が「散歩した」という記述から、「万平ホテル」がモデルではないかと推察される。「万平ホテル」の周囲には、桜の沢、釜の沢といった、風雅な森の中の別荘地があり、瀟洒な洋館の建物も散見される。ヨーロッパ的な風景を思わせるエリアだ。

『海市』では、初秋の軽井沢が、ふたたび作品の舞台となる。画家の渋太吉と、愛の対象としての

「安見子」が訪れる、ささやかな旅の場所として、夏に描かれた同じホテルが登場するのである。

福永文学の主要なモチーフは、愛と孤独、そして死、あるいは別離だろう。抽象美術協会の会員であり画家の渋太吉には別居中の妻があり、安見子は、渋太吉の友人古賀信介の妻である。古賀は妻の安見子を愛している。安見子と渋太吉は強く惹かれ合い、愛の想いはさらに深くなってゆく。しかし二人の愛と苦悩が、どれほど深いものであったとしても、周囲の他者を傷つけ、悲劇的な状況に巻き込んでゆくのは避けられない。むしろ、死をもって償うという魂のありようが想定されるのであろう。死によって愛を証し、永遠なるものにするということであろうか。

安見子は夫古賀の家を去り、渋太吉とはじめて出会った、南伊豆の左浦におもむく。その岬の断崖から、時として、蜃気楼のかすかな風景が眺められる日がある。

『海市』とは蜃気楼の、海に浮かぶ都である。幻影のようにやがて消えてゆく、水平線の彼方の、幻の海の都市が、安見子の行くべき都として、暗示されているのであろう。

福永は昭和五四年、六月から追分の山荘に滞在していたが、八月六日、佐久総合病院に入院。一三日早朝、脳内出血のため死去。享年六一歳である。福永武彦は戦後文学を代表する作家の一人として、ヨーロッパ文学の本格小説、長篇ロマンを意図した作品の創造に向って、その執筆は続けられた。小説以外にも翻訳、詩集、評伝、随筆集等、文学的精華を遺した、秀逸な文学者であった。

第六章

池波正太郎——軽井沢の思い出

池波正太郎『よい匂いのする一夜』

生前、数々のベストセラーを発表した作家が、その没後は、しだいに読まれなくなる作品もあり、また、死去したのちも、依然としてよく読まれている、人気の高い作家もいる。池波正太郎は言うまでもなく後者である。

池波は『鬼平犯科帳』『剣客商売』『仕掛人・藤枝梅安』の三大シリーズ、および真田ものの大河小説『真田太平記』の他、自伝的随筆『青春忘れもの』。さらに日常生活の衣、食、住、旅などについて、軽妙洒脱ですぐれた随筆を数多く書き残している。『食卓の情景』『日曜日の万年筆』、『男の作法』『味と映画の歳時記』、『池波正太郎の銀座日記（全）』などは、池波の小説以上によく読み続けられていると言ってもいい。

池波正太郎の随筆『よい匂いのする一夜』（平凡社）の表紙には、「万平ホテル」のテラスに置かれた籐椅子に座って、ちょっと笑っている池波の姿が写されている。

最初に池波が友人と二人で軽井沢を訪れたのは、まだ一〇代の頃である。

「はじめて軽井沢へ行ったのは、約四〇年も前のことで、そのとき私は、仲のよい友人と二人連れで南アルプスで遊び、八ヶ岳の山麓を小海線で小諸に出た」。その日は懐古園を訪れ、夕方タクシーで中軽井沢へ出て、星野温泉に泊る。「そのころの沓掛には、江戸時代の宿場の面影が濃厚にただよっていて、晩夏の夕闇の街道には人影もあまりなく、いかにも長脇差を腰に、さんど笠をかぶった（沓掛時次郎）が現われそうな情趣があ」ったという。その頃の池波はすでに兜町で働いていたが、古い宿場町の面影を残す風情が、「まだ少年といってもよかった私たちを感激させたものだった」、とある。

星野温泉に一泊した翌朝、池波と友人の井上留吉は旧軽井沢に来て、貸し馬に乗って遊んだりする。

「いかにも物しずかな山の避暑地で、小道の中の深い木立から洩れる陽光を受け、外国の金髪の少女がハンモックで昼寝をしたりしていた」。「まるで泰西名画を見ているようだ」と友人が言い、軽井沢の風物は金髪の美少女によく調和していたと言う。

その日、池波たちは旧街道を碓氷峠へのぼり、「そこから谷底へ二里ほど下った霧積温泉へ泊った」。軽井沢からハイキングに出かける人もあり、現在は横川から車で三〇分、軽井沢からは約一時間の距離だ。

霧積温泉は、森村誠一の『人間の証明』にも描かれている。山気深まる奥へ入った秘湯の宿について、「窓の外に、紅葉の名残りを留めたカエデの樹葉が枝をさしのばしている。話を止めると、昼間だというのに耳を圧するような静寂が落ちる」と、森村は描写している。吉村達也『霧積温泉殺人事件』の舞台でもある。

池波正太郎と万平ホテル

最初に軽井沢を訪れた一、二年のち、池波と友人井上の二人は、初秋の軽井沢に来て「万平ホテル」に宿泊する。

「いかにも格式が高く、それでいて若い私たちにも親切で、友人と二人で、たしか二泊した。二人とも年齢よりは四、五歳老けて見えたし、ホテルの記名も二〇歳とか二一歳に書いて、少しも怪しまれなかった」、「その時Iと私が泊った部屋が、今も万平ホテルに残っている」。「このように旧態を残しながら、現代的な設備をもった新館を設けているわけだ」(『よい匂いのする一夜』)

「万平ホテル」の初代、佐藤万平の家は旧軽井沢銀座通り、現在の軽井沢郵便局の場所で「亀屋」という旅籠を経営していた。明治一九年、ショー師とディクソンが来軽していらい、外国人の避暑客が増えてゆき、「亀屋旅館」を洋風の外国人専用ホテルに改装、「亀屋ホテル」とする。明治二九年には「亀屋ホテル」から「萬平ホテル」に改称。明治三五年、現在の万平ホテルのある桜の沢、二万坪の土地に新築、移転するのである。昭和一〇年に本館を取り壊して新築、翌一一年新館が完成し、「萬平ホテル」を現在の「万平ホテル」に改称したのであった。

池波正太郎が最初にこのホテルへ宿泊したのは戦前だが、池波が作家となってからはしばしば軽井沢を訪れ、「万平ホテル」に滞在するようになる。

「夏休みと別荘には縁のない私だが、シーズン・オフの軽井沢は、大好きである」という。「夏のシーズンへ入る前の、六月はじめの軽井沢は、まだ人の気配もなく、新鮮な若葉の匂いがむせ返るようだし、また十二月の中ごろの、これはさらに静まり返った冬木立と雪の浅間山をゆっくりながめるのもよい」とある。まさに軽井沢の美しい季節を、池波は的確に言い当てている。

筆者が付加するとすれば、白い辛夷の花と淡々しいピンクの桜が咲く五月上旬の軽井沢は、厳寒の長い冬が次第に去りゆき、冬枯れと残雪の風景にかわって、森や別荘の庭、道の辺に楚々とした桜草や、すみれ、春しおんなどが咲きはじめる。

観光客の多い夏のハイシーズンが過ぎ、夏が去り、朝夕の気温が下りはじめる秋の紅葉の華やぎ、そして枯れ葉が散るかそけさもいい。軽井沢に多い落葉松の、黄金色の枯葉が陽光の中で、きらめきながら散り積り、森の小径を散歩していると、柔らかな絨毯の上を歩むような、やさしい感触がする。軽井沢に秋の訪れは早く、紅葉の鮮やかな彩りの後、晩秋の落葉の季節へと移りゆく。澄み切って透明な蒼空、梢を吹きすぎる風にさそわれるように、落葉松は舞い散って森の小径に、別荘の窓辺に、その黄金の枯葉をしばしとどめている。

クリスマスが近づくと、軽井沢に多くある教会では、クリスマスツリーを飾り、ホテルやレストラン、ティールームでは、小さな灯のイルミネーションの連なった光りが、森の中に輝いて彩る。大都会の喧噪とは無縁の、静寂にみちた冬の華やかさである。

作家としての文名の高くなった後も、池波はよく軽井沢を訪れていた。二人の同行者を伴って、数年ぶりに池波は「万平ホテル」に宿泊したのであった。

「中庭に面した万平ホテルの食堂は、ほんとうに居心地がよい。料理がうまいばかりではなく、給仕をする人たちが、いずれも礼儀正しく、親切だからである」。味にうるさかった池波が、レストランのフランス料理、特に軽井沢の野菜の美味しさ、スタッフの親切な対応に、大いに満足するのである。

旧軽井沢から碓氷峠へ

「遅い朝食をすませてから、私たちはタクシーで旧道を碓氷峠へのぼってみた。名物の〔ちから餅〕を売る茶店も、むかしにくらべると、ずいぶん増えたようにおもえる。熊野神社は峠の中央にあり、その参道が群馬県（上州）と長野県（信州）の県境というわけで、神社の神主も、両県から一人ずつ出ており、それぞれ、茶店を経営し、ちから餅を売っている。

私たちは、長野県側の神主さんの茶店〔しげのや〕へ入って、ちから餅を食べた。それは実に、四十年ぶりのことで、旧友Iと霧積温泉へ向かう途中食べて以来のちから餅だったが、味は往年のままのように、うまかった」と、池波は記述している。

碓氷峠の峠町の中央に、熊野皇大神社が建っている。急な石段を登りつめた正面奥の、上信県境に本宮があり、上州側に新宮、信州側に那智社がまつられている。現在の社は江戸時代中期の建立であり、高台にある神社からの眺望はすばらしい。夏には碓氷峠の見晴台（サンセットポイント）や、峠町のこの社を訪れる観光客は大変多い。お正月には初詣の人たちが長蛇の列をなし、峠町は人と車で混雑するほどである。

初夏から秋にかけて、碓氷峠の見晴台から遊覧歩道を下って行く道は、新緑や紅葉が美しく、野の花が咲き、木の吊橋が掛っていて、二手橋から旧軽銀座へ下る、約五〇分程度のハイキングコースは、毎日犬をつれて散歩するという別荘の人達も多く見かけられる。登山、ハイキング、乗馬、ゴルフ、テニス等は、外国人宣教師たちが軽井沢に多く滞在していた頃からの、伝統的なスポーツであった。

碓氷峠を訪れた池波たちは、霧が濃くなりはじめて、旧軽井沢に引き返し、「白糸の滝を見てから」、池波の亡師、長谷川伸の〔沓掛時次郎〕の碑を見ておくため、車で中軽井沢に向うのである。

沓掛時次郎の碑

中軽井沢（沓掛）の長倉神社は、平安時代の「延喜式」に載っている古い社だが、その境内の一隅に、沓掛時次郎の石碑が建っている。碑文には映画の主題歌の一節が、長谷川伸の筆跡で刻まれ、昭和二七年に建立された。

千両万両枉《ま》げない意地も
人情搦めば弱くなる。
浅間三筋のけむりの下で、男沓掛時次郎

長谷川伸の作詩である。

『沓掛時次郎』は長谷川伸作、信州の旅人《たびにん》時次郎を主人公とする戯曲である。新国劇および歌舞伎で上演され、絶大な人気を博した。昭和四年には、日活で映画化もされている。

沓掛時次郎は、長谷川伸の創造した架空の人物であるが、博徒であっても人情に厚い人間として描かれている。歌舞伎役者、市村羽左衛門の演じる時次郎は、縞の合羽に三度笠、粋でいなせな姿だったであろう。


沓掛の地名から中軽井沢への推移をたどると、昭和二六年、沓掛は千ヶ滝通りから出火。折からの強風のため延焼がはげしく、この大火災で沓掛宿の古い家並みの大半が焼失した。中山道宿場としての面影は、都市計画による区画整理の実施によって、大きく様相を変えることになる。さらに昭和三一年四月、沓掛駅を中軽井沢と改名、同三五年三月、沓掛の地名を中軽井沢と改称するのである。

池波正太郎にとって恩師であった、長谷川伸の筆になる碑の前に、しばし佇み、降りはじめた雨の中を同行の二人とともに、池波は帰京の途についたのであった。

第七章

軽井沢ミステリーの舞台

横溝正史『仮面舞踏会』

名探偵金田一耕助

戦後、「探偵小説」は「推理小説」と呼称されるようになるのだが、横溝は本格探偵小説を志向して、文壇に登場した作家であった。横溝の創造した名探偵、金田一耕助は、江戸川乱歩の明智小五郎とともに、広くその名を知られ親しまれている。

金田一耕助という印象的な名前は、アイヌ語の権威であり、言語学者だった金田一京助の名に由来している。金田一耕助は、東京の私立大学に在籍していたが、ふらりと渡米して、在米中にサンフランシスコの日本人間で殺人事件が起り、耕助が解決したことから、久保銀造と相知るところとなる。事業に成功していた銀造の援助を受けて、耕助はカレッジを卒業し、日本に帰国すると、再び銀造の支援を得て探偵事務所を開いた、という設定になっている。そして『本陣殺人事件』以下、名探偵金田一耕助の活躍する数多くのベストセラーが描かれてゆくのである。

金田一耕助の風貌は、かすりの羽織に着物、よれよれの縞の袴をはき、もじゃもじゃの頭を掻きまわす癖がある。小柄で風采はかまわないが、優しい気質があり、親しみの持てるキャラクターと言えるだろう。昭和五〇年から起った横溝正史の大ブームが到来したこととあいまって、横溝の長編小説は次ぎ次ぎに映画化されるのだが、金田一耕助役には田村高廣、石坂浩二、萩原健一、西田敏行、古谷一行等が出演している。

昭和五六年には、角川文庫版の横溝正史の著作は五五〇〇万部に達するという、大多数の読者を擁して、絶大な好評を博すのである。

横溝正史の作家的生涯

明治三五年、横溝正史は神戸市東川崎町で生まれている。五歳の年、生母波摩が死去し、翌年継母浅恵が迎えられた。小学生のころの正史は、おとなしい読書好きの少年だった。この頃からすでに探偵小説のマニアになっている。神戸二中に入学したが、スポーツは苦手で、学校でも家庭においても孤独であったという。中学二年の三学期に同学年の西田徳重と知り合い、探偵小説の愛読者という、趣味を同じくする友人を得たのであった。

大正九年、神戸二中を卒業し、第一銀行神戸支店に一年勤務した後、家業の薬種商に従事するため、大阪薬学専門学校に入る。この年、一九歳で処女作「恐ろしき四月馬鹿」が、「新青年」懸賞小説一等に入選。続いて「深紅の秘密」が三等に、「一個の小刀より」が二等に入選したのであった。薬学専門学校を卒業したのちも探偵小説の発表を続け、大正一五年、江戸川乱歩の招きに応じて上京することになる。

当時、一〇種類くらいの雑誌を出していた、大出版社である博文館に入社して、編集に携わり、昭和二年「新青年」の編集長となる。この年中島孝子と結婚するのだが、横溝は大の猫好きで、孝子も猫好きだと思い込んでいたところ、それほど猫好きでもなかったらしい。しかし、病弱だった正史を、孝子夫人はよく看病した人であった。

「新青年」「文芸倶楽部」、雑誌「探偵小説」の編集長を歴任しながら、探偵小説の執筆を続行させていた横溝は、昭和七年、『呪いの塔』を新潮社より刊行。作家生活に専念することを志して、博文館を退社する。ところが、作家活動を開始していた昭和八年、肺結核を発病して喀血。富士見高原療養所で三ヵ月の療養生活を送った。

翌九年、「新青年」の編集長であった水谷準が、先輩友人を代表して、一年間筆をとらず転地療養を勧め、生活の費用を保証しようと申し出てくれたのだった。横溝はこの好意を有難く受けて、信州上諏訪へ家族とともに転地するのである。当時結核は「長期療養を必要とする難治な病気とされていた」。横溝は「多くのよき先輩や、友人達の好意で生きながらえることができた」と、『横溝正史自伝的随筆集』で記述している。その間、「真珠郎」「夜光虫」「まぼろしの女」「孔雀夫人」「人形佐七捕物帳」他、数多くの作品を発表するのである。

横溝は、常に良き先輩友人に恵まれた人であった。それは、彼自身が心優しい気質であり、好感を持たれる人柄だったからであろう。

疎開生活から戦後の本格探偵小説へ

昭和一四年、上諏訪の療養生活を切り上げ、吉祥寺の家に引き揚げるのだが、日華事変から太平洋戦争へと進展してゆき、「戦争がしだいに苛烈な様相を示し」はじめるにしたがって、「探偵小説は情報局から圧殺され」「探偵小説の注文は皆無」となり、「辛うじて捕物帳で糊口をしのいでいた」のであった。

昭和二〇年三月、東京には大空襲があり、岡山の親戚から疎開してくるようにと親切な勧誘をうけて、一家は岡山県吉備郡岡田村字桜へ疎開して行くのである。この地域の人たちは「ひどく温かで親切であった」。「空襲警報におびえることもなく」、「精神的な安らぎ」を感じるのである。

この年八月終戦となり、「探偵小説にたいする理不尽な圧迫も一挙に解消」し、自分の好きな本格探偵小説の書ける日が、再びはじまるという思いが強くなった。この時、横溝正史四四歳である。「それからのちの私は、本格探偵小説の鬼であった」という。岡山での疎開生活の間、戦後になって神戸の西田政治（友人、故西田徳重の兄）が外国の探偵小説を次ぎ次ぎと送ってくれた。「読む本にことかかず、着々として、再出発の準備をととのえていた」とある（『横溝正史自伝的随筆集』）。

昭和二一年に創刊された「宝石」から長編執筆の依頼があり、創刊号から八回にわたって連載されたのが、戦後第一作となる『本陣殺人事件』である。アガサ・クリスティーの『そして誰もいなくなった』は、翌年連載する『獄門島』を書くヒントとなった。ストーリーテラーとしての横溝の場合、特に影響を受けた作家が、ディクソン・カーであり、戦後の彼の、方向を決定したと言えるのであろう。

昭和二三年、『本陣殺人事件』により、第一回探偵作家クラブ賞長篇賞を受賞。世田谷区成城に家をみつけ、一家で帰京する。その後は、『八つ墓村』『犬神家の一族』『悪魔が来たりて笛を吹く』『三つ首塔』『悪魔の手毬唄』他、横溝正史の代表作品の、執筆連載が相次いで発表された。

昭和三三年の夏、軽井沢、南原で避暑生活をし、軽井沢を舞台とする「霧の別荘」を「講談倶楽部」に発表する。翌年の夏には、軽井沢の南原に別荘を構え、空気の爽やかなこの地で毎年夏の約二ヵ月間を過すことになる。

軽井沢を舞台とした『仮面舞踏会』

書下ろし長編小説『仮面舞踏会』は、昭和四九年、『新版横溝正史全集』の第一回配本として、講談社より刊行された。この一冊によって、探偵小説を再評価する気運が高まってくるのである。翌五〇年、角川文庫版の、横溝正史の代表作を収めた二五冊が五〇〇万部発行され、五六年には五五〇〇万部を突破。昭和五〇年から横溝正史の大ブームとなり、作品は相次いで映画化され、大多数の読者、横溝ファンを獲得したのであった。

『仮面舞踏会』は、ストーリーテラーであった横溝らしい、ロマンにみちた長篇探偵小説である。魅力的な登場人物が、軽井沢を舞台に、物語を展開させてゆく。

美貌の映画女優、鳳《おおとり》千代子、そして彼女の最初の夫、笛小路泰久との間に生まれた美少女、笛小路美沙、その祖母で美沙を預かって育てている冷酷な笛小路篤子。鳳千代子の現在の恋人であり、元公爵家の御曹司で、神門財閥の二代目である飛鳥忠熈《あすかただひろ》。彼はイギリスで教育をうけた経歴を持ち、「すぐれた風采」の好男子で、「元公爵の御曹司という肩書きをフルに活用することをわすれなかった」。神門産業は、五十余の傍系会社をかかえて繁栄している、という人物設定である。

作者の横溝正史は、作品構成の実にうまい作家だが、創造した登場人物の、人物造型ならびに、物語の背景となる部分を、緻密に書き込んでゆくのである。それが、横溝作品のドラマティックな面白さの要素であろう。

飛鳥忠熈の別荘「万山荘」は旧軽井沢にあるという設定だ。「ゴシック風とも、またルネッサンス式ともつかぬ建築様式」だが、時代がついて古色蒼然とした建物であり、テラスの外は数百坪の芝生をこえて、赤松と落葉松の林になっている。この家には、先代から居るばあやの多岐、お手伝いの登代子、運転手の秋山、庭仕事をするじいや等が、使用人として忠熈に仕えている。そして、飛鳥家で養育され、一時忠熈の秘書をしていて、現在は大学で美学を専攻している村上一彦は、忠熈が特に眼をかけて可愛がっている気質の優しい好青年だ。「身長は一メートル七十四、五センチ」、「色は浅黒いほうだが、キメが細くてきれいな肌をしている。スポーツマンらしい美貌である」。

殺人事件の起るこの物語の中で、村上一彦の存在は、あたかも清涼剤のような、すがすがしい印象をあたえているとえるだろう。少なくとも魅力的な登場人物の一人であることは、間違いない。

本作品中、多数の登場人物が登場するのだが、彼等は互いにレースの糸のように複雑に絡まり合い、関わりを持って描かれるのである。

広大な敷地に建つ、飛鳥忠煕の別荘の内部には、二〇畳くらいのホールが有り、「天井は二階まで吹き抜けになっており、中央からシャンデリアが下がっている」。「壁にも随所に朝顔型の洋灯《ランプ》がとりつけてあ」る。「コロニアル風のベランダ」には、「部屋の中にあるのと同じデザインのランプが適当な間隔をおいて下っていて」、「それにもあかあかと灯がついていた」。ホールの一方に「大きな暖炉が切ってあり」、「扇形の背のついた籐製の安楽椅子が」、そこここに置かれ、時代をおびた明治調の、くつろいだ雰囲気のある居間であった。

現在でも軽井沢には、このような古い建築様式と、レトロなデザインを持つ建物が、大切に保存され、残されている。

軽井沢の別荘地

『仮面舞踏会』の中には、現在別荘に滞在する方々や、しばしば観光に訪れる人たちにとって、なじみ深い浅間山や離山の登山道、諏訪神社の夏の盆踊り、旧道(現在の旧軽銀座)、旧軽井沢のロータリー、六本辻、中軽井沢の星野温泉などの地名が、随所に出てくる。また、鳳千代子が宿泊する

「高原ホテル」は、恐らく「万平ホテル」がモデルになっているのであろう。

さらに、作品の登場人物が、それぞれ滞在している別荘のある場所もまた、よく知られている別荘地であることは言うまでもない。横溝は本書では触れていないが、政財界人の多い三笠の別荘地、かつて外国人宣教師たちのバンガローが多くあった愛宕山下、また、「ホテル鹿島ノ森」のある鹿島の森周辺も、軽井沢では有名な別荘地なのである。

鳳千代子が、虚弱な体質だった娘、美沙のために建てた別荘は、「万平ホテル」に近い桜の沢にある。また、鳳千代子の三番目の夫であり、画家の槇恭吾のアトリエは矢ガ崎にあり、四番目の夫、音楽家の津村真二は、桜の沢に近い浅間隠しの貸し別荘に滞在しているという設定になっている。

たぐいまれな美貌と才気にめぐまれた鳳千代子は、四回の結婚、離婚をくり返すのだが、「その挙措進退はいつも公明正大で」あったために、ジャーナリズムの風当たりも悪くはなかった。千代子が健康的で美麗であるのに反して、娘の美沙は「デリケートで、どこかこわれやすい工芸品みたいな」少女で、「日陰に咲いた花のような病的な美しさでもあった」。子供のころから「小児喘息の持病があって」、発作に苦しめられることが多かったのだが、夏、軽井沢に滞在するようになって、健康をとりもどしていたと、前半の部分では描かれている。しかし、後半の部分で、美沙のイメージは変貌してゆくのである。

金田一耕助と等々力警部

この物語の中で、事件は少しずつ凄惨な様相を見せはじめる。千代子の二番目の夫、新劇俳優の阿久津謙三が、疾走して来た車による不慮の死をとげ、その数ヵ月後に最初の夫、笛小路泰久が軽井沢のプールで変死体となって発見される。それが、去年の八月一六日の朝であった。そして、関係者全員が夏の軽井沢に来ている今年八月、三番目の夫であり、画家の槇恭吾が矢ガ崎のアトリエで、他殺死体で発見されるのである。そこで、飛鳥忠熈は、軽井沢に滞在している金田一耕助に、事件の調査究明を依頼することになる。

金田一耕助は郷土の先輩で、国際的弁護士である南条誠一郎が所有している、南原の別荘の離れに滞在している。丁度そこへ、耕助の友人である警視庁捜査一課の、等々力警部が訪ねて来たのであった。等々力警部は長身で「男振りも悪くなく」、身だしなみの良い、紳士的な人柄であり、事件の解決に向けて耕助とは名コンビとして、横溝作品にはおなじみのキャラクターである。

金田一耕助が滞在する南原は、作者横溝正史自身の山荘があり、七月から九月までの約二ヵ月間、毎年の夏を過していた別荘地であった。軽井沢にゆかりの深い、他の多くの作家たちと同様に、横溝もまた、緑の樹々の多い、美しい森の風景をこよなく好んでいたのであろう。

さて、この物語は、様々な伏線が張り巡らされ、サスペンスを含みながら、ドラマティックに展開するのだが、鳳千代子の四番目の夫、作曲家の津村真二の死体が、浅間隠の別荘の、隠し戸棚から発見されるにおよんで、事件の真相は、金田一耕助によって解明されることとなる。

残酷な運命に翻弄され、デスペレートになってゆく犯人には、哀れを覚えざるを得ない。探偵小説としての意外性を狙った記述は、この作品があくまでも架空の物語であることを前提にしている。『仮面舞踏会』は、哀れに悲劇的な結末で、フィナーレとなるのである。

松本清張『熱い絹』

松本清張は現代小説をはじめ、推理小説、歴史小説、時代小説、自伝、私小説、さらに『小説帝銀事件』『日本の黒い霧』などを代表とするノンフィクション。そして同時代史として『昭和史発掘』、古代史研究にかかわる『古代史疑』『邪馬台国』などの論考の他、文学における様々なジャンルで多くの文業を残した作家であった。

極貧の中の生い立ち

松本清張《せいちょう》は明治四二年（一九〇九年）一二月二一日、福岡県企救《きく》郡板櫃《いたびつ》村（現在の北九州市小倉北区）、で生れている。本名は清張《きよはる》である。『半生の記』には、「私が生れる前に姉が二人いた。これは嬰児のときに死亡し、（略）私だけが育った」とある。

父の峯太郎は、「生れるとすぐ事情があって」「米子の松本米吉、カネ夫婦のところに養子にやられた」。松本夫婦に子供はなく、「財産も土地も持たない貧乏世帯であった」という。一七、八歳の頃、峯太郎は郷里を出奔し、広島で書生をしたり看護雑役夫をするのだが、この地で紡績女工をしていた岡田タニと結婚。その後、北九州小倉に移る。しかし峯太郎夫婦は一つの場所に定住できず、一時下関に行き、再び小倉に舞いもどり、仕事も転々と変るといった貧困生活であった。

父峯太郎は空米《くうまい》相場で失敗し、鮭の立ち売りや露天商等をしていた。その後かなり借金をして小さな飲食店を出したが、父のずぼらから、この店も次第にさびれるようになった。清張は下関市立菁莪《せいが》尋常小学校から小倉市立天神島尋常小学校に転校し、大正一三年小倉市立板櫃尋常高等小学校を卒業する。家の貧しい経済状態のため中学校進学は諦め、川北電気株式会社小倉出張所に給仕として雇われる。

川北電気にいる三年間、清張は文芸書をよく読んでいた。芥川龍之介の短篇集は真先に読み、菊池寛、山本有三、戯曲では岸田国士《くにお》などを好んだ。自然主義作家にはそれほど惹かれなかった。「小説にはやはり小説らしいものを求めていたようである」と記述している。このような当時からの嗜好の傾向は、後年作家としてドラマティックなストーリーテラーであった清張文学の資質をうかがわせるものがある。

昭和二年、川北電気は不況のため倒産し、職を失った清張は翌年、高崎印刷所に石版印刷の見習いとして就職し、さらに版下工としての技術を習得するために、他の印刷所で修業を続けた。

昭和一一年、二七歳になった清張は内田ナラと結婚。翌一二年高崎印刷所を退職し、朝日新聞九州支社で広告版下を書くようになる。清張は幼い頃から新聞記者になることが夢であった。しかし高等小学校しか出ていない彼にとって、その願いは実現不可能なものであり、版下工としての道を歩きはじめるのである。昭和一四年、朝日新聞九州支社の嘱託、同一五年広告部雇員。正社員になれたのは同一七年、三三歳の年である。

昭和一八年、三ヵ月間の教育召集で久留米の連隊に入隊し、翌年再召集されて福岡の第四八連隊に入隊する。同二〇年、敗戦を南朝鮮の全羅北道井邑《ぜんらほくどうせいゆう》の兵舎で迎えた。この年一〇月、本土送還となり連絡船で山口県の仙崎港に上陸し、三日後混雑する列車で九州に向う。

「佐賀県の神埼《かんざき》という駅に着いたのは翌日のひる前だった。私は一睡もしないで車中の混雑に立往生していた。ホームに降りたとき、私はふしぎな開放感に浸った。（略）いま、私はたった一人であった。これから二里の道を歩いて両親や妻子のいる家に戻るのも、ひとりでどこかに逃げて行くのも私の自由であった」と、『半生の記』にみえる。「一人息子ということで、小さい時から必要以上に両親は私を拘束した。それは息苦しいほどだった。ひとりで勝手な行動ができる友だちを、どれほど羨《うらや》ましく思ったかしれなかった」。

一五歳の年から生活のために働き、月給のほとんどを両親に渡し、小遣いにも不自由してきた。そして復員した直後から、七人の大家族を養ってゆかなければならないという、経済的、精神的な重圧が、今また清張の自由を封じていた。二年ぶりに出社した新聞社では、広告も活字ばかり、図案の仕事はなかった。

小倉市黒原にある兵器廠《しょう》の職工住宅の空家を見つけて、疎開先の古い百姓家から家族を移した。六畳、四畳半、三畳の三間だった。昭和二一年には三男が誕生して、八人家族となる。新聞社に「毎日出勤しても仕事はなく、望みのない生活がつづい」ていた。

箒仲買いのアルバイト

家族数は八人に増えて、「飢餓とインフレ昂進のさなかで新聞社の給料だけではとうてい足りなかった。質屋に持ってゆく物もなかった」。移り住んだ職工住宅の掃除をしようと、買物に出た清張は、町の市場には箒一つ売っていない事を知る。佐賀の農家ではどの家でも藁の手箒を編んでいて、座敷の中にうずたかく積まれていた。その藁箒を持って「小倉市内だけでなく、門司や八幡の小売店を訪ねた。どこも品不足だったから注文は苦労せずに取れた。（略）八人の飢餓をしのぐためには仕方がない、何でもしようと思った」。

「そのころ、新聞社では買出し休暇というのを認めていて、一週間に二日ぐらいは休んでもいいことになっていた」。この休暇を利用して販路を広げるために広島、山口県の防府《ほうふ》、さらに大阪、京都、大津、吉野まで足を伸ばした。二三年の一月「比叡山に登り四明岳《しめいがたけ》の上から琵琶湖を俯瞰してしばらく雪の中に立ちつくした」「子供のころから一生遠い旅ができるとは思わなかった私は、旅に憧れを持ちつづけていた」という。

箒仲買いのアルバイトがらみとは言え、北九州から私的な旅に出る事もなかった清張にとって、見知らぬ土地の風景に接することができる、小さな旅であった。やがて「商品が出回り、正規な問屋が昔の秩序を取り戻すと、もう早、私などが入りこむ隙はなくなっ」た。「昭和二十三年の春（略）私の商売も終焉を告げる」のである。

「新聞もほぼ元通りになり、朝刊だけの四頁建てとなった」。しかし「活発な動作で歩き回っているのは出世を約束された学校出の人たちだけだった」。学歴のない図案係（意匠係）であった清張は、「常に差別的な待遇から脱けきれなかった」。未来に何の希望も持てず、心は鬱々として絶望的になっていた。休みの日には大家族のいる狭い家を出て、行くあてもなくバスに乗り、松ヶ枝の海岸を歩いて沖を眺めた。もし「直接的な動機があったら、（略）そのとき自殺を企てたかもしれない」とある。

芥川賞受賞――作家活動の開始

昭和二五年、「週刊朝日」の〝百万人の小説〟に応募して『西郷札』が三等に入選。翌二六年、直木賞候補作となる。同二七年「三田文学」編集者木々高太郎のすすめで『或る「小倉日記」伝』を発表。昭和二八年、第二八回芥川賞を受賞する。翌二九年、東京都練馬区関町に転居し、旺盛な作家活動を開始。清張四五歳である。昭和三一年朝日新聞社を退社。同三二年『顔』で日本探偵作家クラブ賞受賞。翌三三年、『点と線』『眼の壁』がベストセラーとなり、社会派推理小説ブームの草分けとして評価された。

それまでの長い貧窮の生活と、職場での鬱屈を一気に解き放つかのように、目覚しく多作な執筆活動がその後続けられてゆくこととなる。

推理小説『熱い絹』

『熱い絹』は昭和四七年二月から四九年一二月まで、「小説現代」に連載され中絶。同五八年改稿して「報知新聞」の八月から翌五九年一二月まで連載され、六〇年に単行本（講談社）として出版された。現実にあった事件にフィクションを加え、長編推理小説として構想された作品である。

実際の事件は昭和四二年三月二六日、マレー山脈にあるリゾート、カメロン・ハイランドでアメリカ人の億万長者、ジェイムズ・トンプソンが宿泊していた知人の別荘から忽然と行方知れずとなる。J・トンプソンはタイのバンコックに在住し、農家の主婦が内職に織っていたタイシルクに斬新なデザインを加え、スカーフ、ハンカチ、ネクタイ、ブラウス等の製品を販売する実業家であった。タイシルクは日本の紬に似た織り方で、深味のある色彩が魅力的で欧米では爆発的な人気をよんでいた。J・トンプソンはタイシルク産業の創始者として、タイシルク王と言われ、その事業は繁栄を続けていたのである。さらに彼は古美術の膨大な蒐集家でもあった。

ジェイムズ・トンプソンが行方不明となった後、マレーシア警察隊をはじめとして、駐留イギリス軍、米軍ヘリコプター、民間有志および原住民まで動員するといった大規模な捜索が行われたが、その所在は杳《よう》としてつかめなかった。

J・トンプソンには三人の姉と兄一人がいたが、二番目の姉がJ・トンプソンの失踪から五ヵ月後に、ペンシルヴァニア州の自宅で何者かによって殺害される。松本清張は『熱い絹』でジェイムズ・トンプソンの名をジェームズ・ウィルバーに変え、殺害された姉を妹のミス・フランシス・ウィルバーとし、この事件現場を中軽井沢の丘陵、追分に近い木造バンガローの貸別荘に置き換えている。なお、軽井沢のPホテル（軽井沢プリンスホテルであろう）も、この作品の中で描かれている。そしてJ・トンプソンの失踪は三月二六日であったが、「熱い絹」では七月一五日とし、中軽井沢の貸別荘で起った妹フランシスの惨劇を八月一〇日夜に設定している。ただし、被害者の女性が飼っていた二頭の番犬、ジャーマン・シェパードとラブラドール・レトリバーが、事件の夜、吠えていた様子がないこと、金品を盗られていないこと等は事実のままである。

二頭の番犬が馴れていたことから、犯人は顔見知りの親しい者という推察が成り立つのだが、ミステリアスで謎の多いこの二つの事件は、未解決のまま迷宮入りとなっているのである。

軽井沢とカメロン・ハイランド

推理小説『熱い絹』で、妹フランシスの避暑地を中軽井沢に設定したのは、高原の保養地カメロン・ハイランドがホテル、ゴルフ場、教会、別荘等がある点で高原のリゾート軽井沢に似通っているからであろう。大きく異るのは、軽井沢では幹線道路が数本あり解放的であるのに対し、カメロン・ハイランドは周囲を鬱蒼としたジャングルにかこまれ、タパーの町から登る一本の道路しかない。東は行き止まりで「天然の密室」という地形的環境である。そしてこの地は珍種の蝶の生息地であり、広大な紅茶の栽培地でもある。

カメロン・ハイランドはイギリス人の国土調査官ウィリアム・カメロンが密林の中にこの高原を発見し、英国人はここを避暑地にした。軽井沢がカナダ人のショー師と、英国人教師ディクソンによって避暑地として発見された経緯とも似た部分がある。カメロン・ハイランドは発見者カメロンの名が付けられているのだ。

『熱い絹』の冒頭部分で服飾デザイナー山形佐一は、赤坂の古美術商「瑠《りゅう》古《こ》堂《どう》」の陳列窓にクメール彫刻のレリーフを見つける。その直後「瑠古堂」は休業し、旧軽井沢の「商店通り」で夏の間店を開く。この店でアルバイトをしていた長野県佐久出身の青年高橋不二夫が「マレーシアの蝶の旅」に参加し、カメロン・ハイランドの東北ブリンチャン山、山腹密林で惨殺死体となって発見される。

中軽井沢の貸別荘で起ったフランシス事件における長野県警と軽井沢署の合同捜査本部長である長谷部忠雄警部は、マレーシア警察当局の招請で、村田五郎刑事をつれてカメロン・ハイランドにむかう。

『熱い絹』後半では登場人物が多く、その関係は複雑に絡まり合い、さらに事件が相次いで発生する。その一つ一つを長谷部警部は解明し、事件「解決」に導いてゆく。これは作者松本清張の推理によるものであり、小説『熱い絹』の結末である。作品の冒頭で示されている「クメールの古美術」が最終章に近づくにつれて、重要なキーワードになっている事に気付かされるのだ。長編の連載であるため、『熱い絹』の叙述はしばしば重複しているのだが、清張の文体は、おおむね簡潔である。ドラマティックなストーリーの展開があり、多くの長編小説の冒頭部分が巧みである事には定評がある。緻密な取材を背景に、スリルとサスペンスのある物語の進展が、今も多くの読者を惹きつけているのであろう。

清張は生涯の終わりに近づく日まで書く事に執着を持ち続けていた。平成四年八月肝臓癌で死去。享年八二歳である。

栗本薫『猫目石』

栗本薫へのレクイエム

平成二一年（二〇〇九年）五月二六日、作家栗本薫は膵臓癌で死去した。享年五六歳というのは、まだ若すぎる死と言ってもいい。昭和五四年に書きはじめられたヒロイック・ファンタジー『グイン・サーガ』シリーズは、一三〇巻まで書き進めたところで未完となった。一人の作家による作品としては、世界最長記録である。しかし、あえて言えば、『グイン・サーガ』は一〇〇巻で一応完結させ、彼女の代表作となるような構成のしっかりとした秀作を、その作家的生涯の晩年に書き上げる事に集中すべきではなかったか。むしろ『グイン・サーガ』の一〇〇巻以降は水増しではないか、という読者の意見もあった。作品の質は、長ければいいと言うものではないであろうから――。

栗本薫の本名は今岡純代、旧姓は山田である。小説家として栗本薫、評論、エッセイの分野では中島梓のペンネームを使い分けていた。夫君の今岡清氏は『グイン・サーガ』の初代担当者である。日常生活では夫君や友人たちは彼女を梓、母や親戚は純代と呼んでいたという。その名の多様さと同じように、彼女はいくつもの顔を持つ才女だった。

昭和二八年二月一三日、栗本薫は東京で生まれ、父は石川島播磨の常務から、石川島コーリング（現・IHI建機）の社長を務めた。裕福な家庭で育ち、来客があっても「ろくに挨拶もしない傲慢な少女」であったらしい。資産家の娘として自由奔放、我が儘一杯に育ったのかもしれない。宝塚や少女漫画が好きで、華やかなもの、美しいものに憧れを抱き続けていたのであろう。彼女の作品の多くに、美貌の女性や眉目秀麗な男性、美少女、美少年が登場してくる。美なるものへの強烈で持続的な憧憬は、彼女自身の現実とは異なる、見果てぬ夢としての強い欲求があったとも考えられる。

新進作家としてデビュー

昭和五〇年、栗本薫は早稲田大学文学部文芸科を卒業し、同五二年中島梓名義の評論『文学の輪郭』で群像新人賞を受け、翌五三年にはペンネーム栗本薫を用いて、「ぼくらシリーズ」の第一作、『ぼくらの時代』によって第二四回江戸川乱歩賞を受賞。その後、このシリーズは『ぼくらの気持』、『ぼくらの世界』で三部作を形成することになる。

ここで探偵役として登場してくる栗本薫くんと、作者のペンネーム栗本薫は同名であり、性別だけが異なる。作者と探偵役が同じ名前という趣向はエラリー・クイーンが有名だが、栗本薫以後、ペンネームを登場人物の名と一致させるというディヴァイスを採用しているのは、有栖川有栖、法月綸太郎等である。法月の場合は、エラリー・クイーンのエピゴーネンたろうとして、同名を戦略的に用いたのであろう。しかし、作者栗本薫は自らの分身として、探偵役栗本薫くんを創造させたのであった。

作者が案出した薫くんのキャラクターは、どうやらモラトリアム探偵であるらしい。男性にしては小柄でハンサム、性格はやさしく、漫画、SF、ロックが好きで、『ぼくらの時代』に登場した時は二二歳。某マンモス私大の三年生だった。ロック・バンド「ポーの一族」の、キーボードとボーカル担当。同級生で親友の石森信はリード・ギター、加藤泰彦はベースといったバンド仲間であった。

大学卒業後、薫くんは「ミステリーもＳＦも書く若手人気作家」となり、加藤泰彦は就職して漫画雑誌の編集者で、すでに妻子がある。無二の親友石森信はインドへ出かけて行く。三位一体と言われた三人は各々が選んだ道を歩きはじめているのだ。ただし、お互いの心の中に今もなお、変わらぬ友情という絆を残しながら――。

作者の栗本薫は『ぼくらの世界』のあとがきで、「ぼく」という一人称の語り手、薫くんについて次のように記述している。

「私はぼくを私の手で自分の分身としておきながら、ぼくを羨んでいたのかもしれません。ぼくが男の子だから、石森信という、一生影のように付きそっている親友をもっているから、何にもまして、ぼくが私の小説世界に自由に入りこめるから。――ぼくでありたかったのは、それは私です。同じ栗本薫に生まれるなら、ぼくの方になりたかった！」と。

彼女自身、キーボード・プレイヤーとしてバンド活動をし、クイズ番組のレギュラー出演、ミステリー、ＳＦ作家であるという事も、「ぼく」と重なる部分がある。作者栗本薫はこの他、ミュージカルの脚本演出、耽美小説、時代小説、大河小説、伝奇小説などジャンルを越えて書きまくっていた時期、彼女は作品の中において自らの、エモーショナルな夢を描き出していたのかもしれない。言葉が次ぎ次ぎと迸り出てくるような、センテンスの長い饒舌な文体で速筆多産な作家であった。

名探偵伊集院大介

伊集院大介は、作家栗本薫が創造したもう一人の名探偵である。

「伊集院大介シリーズ」の第一作は、昭和五五年刊行された『絃の聖域』であり、第二回吉川英治文学新人賞の受賞作となった。この作品は邦楽界の世界を舞台として、三味線の名門安東流に起る、芸道と一族の結絡を描いた惨劇である。栗本薫の代表作とも言える、優れた構想によって組みたてられた佳作であった。

翌五六年発表の『優しい密室』で、伊集院大介は後にワトソン役となる森カオルと出会う。この時の彼女は高校二年生だが、再登場した『鬼面の研究』以後は成人した女性として、大介が係わった事件を記録する伝記作家、推理小説家になっている。極めて常識的なリアリストといったサブ・キャラクターだ。作品『猫目石』の中でも大介の補佐役として軽井沢に姿を見せている。

伊集院大介の風貌は、細っそりして背が高く、銀ぶち眼鏡の奥の目はあたたかく澄んだ光を堪えている。優しくて飄然とした、何もかも包み込んでしまうような穏やかな笑顔。そして姿かたち全体からは、何とも言えぬ暖かさ、人なつこささのようなものが発散している。

難事件に係わっていない時の大介は、本と資料の山に埋もれた、それでいて実に居心地のいい部屋で、本を読みふけり、音楽に聴きほれ、そこにコーヒーとタバコがあれば最高に幸せなのだ。家から歩いて一〇分ほどの距離にある小さなマンション三階の、1DKが伊集院大介探偵事務所であり、彼はここに出勤？　して来る。この事務所にはワトソン役の森カオルや、大介の推理力を大いに崇拝している山科警部（のちの警視）が、しばしば訪れている。大介の独身生活は飄々として、自由そのものだが、ひとたび事件の渦中に入り込んだ時の彼は、不思議な洞察力とシャープな頭脳による推理で、事件の真相を解明してゆくのである。

『猫目石』の舞台——旧軽井沢

推理小説『猫目石』は、講談社ノベルス発刊記念として、昭和五九年に刊行された。この作品では、現代の名探偵像として作者が創造した二人の探偵、「ぼくらシリーズ」の栗本薫くんと、「伊集院大介シリーズ」で、多くのファンを持つ伊集院大介が共演している。そして、ハンサムでエリート警察官という山科警視も登場する。『猫目石』作中の薫くんは一人称の語り手であり、二八歳の純粋無垢な青年として描かれているのだ。

新進ミステリー作家の栗本薫くんは、書下ろし長編を一本抱え、軽井沢のMホテル（万平ホテルであろう）に、一ヵ月ばかりK社のカンヅメになって滞在している。しかし大スランプにおそわれていて、気分転換に歩いて一〇分ばかりの旧軽銀座へ散歩に出かける。そこでTV局の女性ディレクターに偶然出会い、北軽井沢に完成したホテル開きのパーティに誘われる。

何とか、かんとかブツブツ言いながら薫くんは翌日、真新しいホテルの大広間へと出かけて行ったのだった。生バンドも入って実に盛大なパーティの中で、森カオルから名探偵伊集院大介を紹介される。ひょろっと背の高い大介は、ふわっとした暖かい微笑を浮べていて、ひと目で好きにならずにはいられないような男、という印象を薫くんは受ける。そしてこの日、薫くんは運命的とも言える朝吹麻衣子と出会う。それが彼を巻き込んでゆく殺人事件の、ひそやかな幕開けとなるのである。

有名な女流作家藤波武子によって引き合された朝吹麻衣子は、映画、TV、CMなどで超売れっ子のタレント、人気絶頂のアイドルだった。色が白く、「長い髪をふわりと肩にかからせ」「神秘的で」「謎めいた目」をした玲瓏の美少女は、「妖しく現実ばなれした空気を」漂わせていた。このミステリーのタイトル『猫目石』は神秘的な輝きを持つ宝石であり、陰火のように燃える目をした麻衣子を象徴するものとして、名付けられたのであろう。

彼女は一六歳という年齢よりも老成した感じがあり、年長者に対する言葉は丁寧で「はすっぱな流行語」を使わず、「まじめで勉強熱心」というのが、藤波女史の女性秘書、村崎の評価でもあった。

麻衣子一家は軽井沢にある、ベストセラー作家藤波武子の別荘に逗留していて、パーティの後、薫くんは女史から彼女の別荘に招待される。麻衣子主演映画「紫の上」の原作を藤波武子が書く予定で、そのシナリオを薫くんに依頼しようと考えているらしい。半ば強引に連れて行かれ、薫くんは編集の夏木、神映プロの制作プロデューサー風見などと一緒に、藤波女史のヴィラを訪れることになる。

藤波武子の別荘は一万坪ほどの敷地で、拡大な土地の「緑の木立ちに見えかくれして」「赤い屋根の小さなコテージ」が四つある。その真ん中に「堂々たる、昔の農家の建物をそのまま運んできた」という、二階だての別荘が建っていた。庭はきれいに手入れされ、そのはずれには小川が流れている。

農家ふうの、本建築の内部は近代的にととのえられ、明治の洋館ふうで砂壁の上にゴブラン織りや、ジャワ更紗などが掛けてある。応接間は広く、アンティークの応接セットが置かれ、大きな仏像や、中国の陶磁器、鉢植えなどを並べた、不思議な雰囲気のある部屋だった。作者はこの別荘の場所を明記していないが、国道一八号からさほど遠くなく、作中で数十台のバイクが別荘の周囲を走り回る道路がある、という記述からもおよその推定は可能であるかもしれない。この別荘を舞台に相次いで事件が起るのである。

薫くんと麻衣子は、最初の出会いからお互いに強く惹かれ合うようになる。大スターとしての表面の華やかさとは逆に、麻衣子をめぐる家庭の環境は最悪の状況だった。父親は実父ではなく卑劣漢であり、母は娘の人気を利用して自分が占い師として有名になろうと画策し、麻衣子の付き人をしている姉は冷酷な性格である。彼等三人は麻衣子の収入によりかかって暮し、彼女の周りには打算とエゴイズムが渦巻いていた。麻衣子のためであれば、どんな犠牲を払ってもいいと思う薫くんに、麻衣子は信頼と愛情を寄せるのである。しかし、純情でいちずな二人の愛の形が、最終的な悲劇の動因となるのだ。いく度となく生命の危険に遭遇した薫くんが、大怪我をして入院し、インドから帰国した親友の石森信が助けの手を差し伸べる。

この暗くて重く哀切な物語の中で、唯一の救いとなるのは、石森信の厚い友情だ。そして伊集院大介の、薫くんと麻衣子に対する優しい配慮がある。それは軽井沢の森の小径を吹くそよ風のように爽やかで、山荘の窓辺に射す陽光のように、暖かな印象を読む者の心に残すだろう。そして事件の真相は、伊集院大介によって解明されるのである。


作家栗本薫は平成二年、乳癌で右胸を切除。執筆のペースは落ちたものの退院後は復活して、小説を書き、ライブを続けていた。平成一九年、膵臓癌の再手術を受け、翌二〇年肝臓への転移が二箇所発見される。以後は数ヵ月単位で物事を計画するよう主治医から告げられ、病状が切迫している事を彼女は自覚する。あと何年、いや何ヵ月の命なのか。「来年の桜は見にゆけるのか」「この夏の着物は来年また着られるだろうか」そんな思いの揺れる中で、「書けるかぎりは病室のベッドであろうが集中治療室であろうが書いてゆきたい」。それが作家としての、最後の執念であったと思われる。

作家栗本薫はこの世を去って逝ったが、彼女の分身である青年栗本薫くん、優れたキャラクターである伊集院大介、彼等は作者が残した作品とともに、彼女の想いを映して、これからも存在し続けるにちがいない。

内田康夫『軽井沢殺人事件』

である。

ミステリー作家内田康夫の登場

内田康夫は昭和五五年、デビュー作となる『死者の木霊』で突如、文壇に現れたミステリー作家である。

『死者の木霊』は、自費出版で三〇〇〇部の発行であった。この単行本を読破した作家、評論家、編集者の間で、この作品は好評で、翌五六年、朝日新聞の書評に取り上げられて注目されることになる。当時を回想して内田氏は「あの書評がなければ、浅見光彦はなかった」という。浅見光彦とは言うまでもなく、内田作品を代表する、人気の高い名探偵である。「本当に書評というのは重要な役割りを持っている」「作家を生かすも殺すも書評だと思います」と述べている（「ミステリー作家の軽井沢だより」）。

朝日の書評が好評だったことによって、書下し推理小説執筆の注文が、廣済堂出版、徳間書店、角川書店等から相次いで寄せられたのであった。内田氏はデビュー作まで、小説らしい物を書いた経験はなかったという。デビュー作を書くきっかけは、「面白い推理小説がないって話していたら友人の作曲家が、書けもしないのに偉そうなことを言うなって言う、それで一念発起して書いたのが、『死者の木霊』なんです」（「ぼくが小説を書いた理由」）とある。

この作品は取材を重ね、苦労して一年がかりで書き上げられた長編推理小説であった。内田氏は少年時代からミステリーはよく読んでいた、江戸川乱歩などである。その他デュマの『モンテ・クリスト伯』を繰り返し読み、その記憶が残って、作家となってのちの、小説作法の原点となっているという。氏の好みの作家は松本清張、高木彬光、短編では鮎川哲也、ショートショートは星新一、赤川次郎の大貫警部のシリーズも好みであるという。

昭和五六年、第二作『本因坊殺人事件』同五七年、第三作『後鳥羽伝説殺人事件』と続くのだが、ここで素人探偵浅見光彦が登場してくる。当時、内田氏の担当であった佐藤薫という編集者が、カッコいい青年で、この時三二歳であり、この人が浅見光彦のモデルであるらしい。

第三作まで書き進めてきた内田氏は、それ以上書き続ける題材に窮して、四作目がどうしても書けない。第二、第三作までは「人脈や趣味、土地鑑があって書けた」。しかし「全部使い尽くして」もう書けないと言う内田氏に、「あなたなら書ける」と担当の編集者は、さらなる執筆の続行を促してくれたのであった。

第四作の題材に苦慮していた内田氏は、『萩原朔太郎詩集』を読んで、「死」という不気味な詩を見つける。その瞬間、全ストーリーがパノラマのように見通せた。それが『萩原朔太郎の亡霊』として作品化されるのである。このような体験は、内田氏の作家的才能による直感であり、運命的と言ってもいい天啓であった。この作品を書き上げたことにより、専業作家に専念する決意を固めるのである。

作家生活に入るまでの内田氏は、東洋大学文学部を中退後、アニメーション会社から広告代理店に転職、コピーライターをし、その後CM制作会社の経営者となる。その状態から物書きへの転換である。プロの作家である以上、売れる本を書かなければならない、という考えがまずあった。大多数の読者を獲得するためには、エンターテイメントとして計算された演出が重要なファクターとなる。すぐれたエンターティナーでもある内田氏の作品における布石、それに魅力的な探偵としてのキャラクターの創造と、巧みな演出は、見事に成功したと言えるのであろう。

第一作『死者の木霊』で探偵役として登場させた竹村岩男刑事は、「古臭いバーバリーのレインコートを着て、モサッとしたおじさん風のスタイルが、アメリカテレビ映画の『刑事コロンボ』にそっくりなところから」、「信濃のコロンボ」という「あだ名がついた」という。

竹村刑事の直感と、粘り強い捜査が、複雑な事件の真相を解明させるのだが、この事件を解決した功績で、二階級特進して長野県警の警部に抜擢される。竹村警部の一途で純朴、行動的な人柄は、シリーズ化されるに従って、読者に好感の持たれるキャラクターとなっている。真摯で庶民的、親しみの持てる名探偵を案出したことが、竹村警部シリーズを成功させたと言っていい。

さらに『後鳥羽伝説殺人事件』で登場した素人探偵浅見光彦が好評であったため、一回で終わるはずの浅見探偵で続編を書くことになる。五作目『平家伝説殺人事件』の評判が良く、「浅見が登場するのは、この二作で終わりのつもり」であったが、出版社の要請で浅見光彦のシリーズは書き継がれることとなる。浅見が架空の人物であることは言うまでもないが、丹念に書き込まれた浅見光彦の人物造型は、今では実在する人物であるかのような、存在感のある名探偵となって、読者たちに好まれているのである。

浅見光彦ワールド

浅見光彦の自宅は、東京の北区西ヶ原三丁目に設定されている。家は「長い坂塀に囲まれた瓦葺きの広壮な二階家である」(『後鳥羽伝説殺人事件』)、と描写された家である。この辺りは静かな住宅街で、大理石の門柱には浅見陽一郎(光彦の兄)という表札が埋め込まれている、という設定である。

作者の内田康夫氏は、北区西ヶ原二丁目で生まれ、父は医師であり、内田医院を開業していた。昭和二〇年四月戦災にあって、疎開するまでの一〇年数ヵ月、内田氏はここに居住していたのである。作品中に描かれる平塚神社、その入り口にある和菓子の店、平塚亭は昔ながらの店構えで(このお団子は光彦の母雪江夫人の好物であり、光彦はよくお土産に買って帰ることになっている)、北区西ヶ原は、内田氏にとって故郷とも言える懐かしい街なのであろう。光彦の家のモデルは、内田氏の恩師のお宅だそうで、光彦の母「雪江」は、恩師夫人の名から付けられたものであるらしい。

浅見家は四代にわたる官僚の家柄で、父の秀一は東京帝国大学出身、大蔵省の局長となり、次官にという時、五二歳で急逝する。この時光彦は一三歳、兄陽一郎は二七歳であった。父亡き後、光彦の学費その他の面倒を見たのが兄の陽一郎であった。

陽一郎は東大法学部を首席で卒業、警察庁に入り、四〇代で警察庁刑事局長の要職につくというエリートである。テレビの国会中継で答弁に立つこともあり、端整な風貌もよく知られている、と浅見シリーズの中では描かれている。

陽一郎の妻和子も才媛で、勤務していた商社ではその語学力が認められていた。毎年お正月に浅見家で行われるカルタ会で、陽一郎が和子を見初めての結婚であった。兄夫婦の間には二人の子供がある。光彦の姪の智美（高校一年生）と甥雅人（中学生）である。なお光彦には大学生の時に死去した妹の裕子、アメリカに留学している下の妹佐和子がいる。

さらに高校を卒業して浅見家に来たお手伝いの吉田須美子も、浅見シリーズの中ではしばしば登場してくる。現在浅見家に同居しているのは、家族六人に、お手伝いの須美子を加えて七人という設定である。

浅見光彦の母、雪江夫人の実家は京都公家の出で、明治維新の頃に財を成した。マザコンの光彦にとって雪江夫人は怖い母だが、兄の家に居候のようにしている次男坊に、早く独立するようにと口では厳しいことを言いながらも、母親としての愛情を持っていることは間違いない。以上のように浅見光彦シリーズは、推理小説であるとともに、ホームドラマとしての要素を含んでいて、このシリーズを楽しいものにしている要因となっている。

名探偵浅見光彦の魅力

浅見光彦は身長一七五センチ、細面で白皙、瞳は鳶色で涼やかな目。育ちの良さをうかがわせる上品な風貌の青年だ。声は柔らかなバリトン、二月一〇日生まれの水瓶座、戌年のB型という人物設定がなされている。戌年でB型というのは、作者内田康夫と同じであるらしい。光彦はある部分で内田氏と重なり合い、作者の分身とも言えるのであろう。

浅見光彦の服装は白っぽいブルゾン姿に、白いテニス帽というスタイルが定着していて、清潔感のある品の良いイメージがある。最近は茶色のジャケットを着用していることもある。彼には予知能力が備わっていると言っていいほどの勘の鋭さがあり、またナイーブな感性を持っている。二流か三流の大学の文学部を卒業し、大学院に進んで修士課程を修了。新聞社をはじめ二、三の会社に勤めたが、「会社組織が肌に合わずに退社」。作品中に「軽井沢のセンセ」として、しばしば登場する推理作家内田康夫の紹介で、フリーライターとして、雑誌「旅と歴史」などに原稿を執筆している。

「旅と歴史」の編集長藤田克夫は、黒縁メガネのいかつい顔、かなりのケチで光彦に支払う原稿料は安い。しかし面倒見の良いところもある人物だ。

浅見の性格は純真無垢、毎回物語ごとに異なるヒロインが登場するのだが、そのヒロインたちと、深い関わりを持つことはない。これは光彦が、相手の女性の人格を尊重するという、紳士的な態度をとることに起因している。そして作者の狙いは、あの純情で善良な「寅さん」のキャラクターを、もっとオシャレで現代的にすることであろう。浅見光彦が三三歳で独身、という設定も変わらない。現実に人は年々歳を重ねてゆくのだが、虚構の世界の中では、永遠の青年像であり続けるというのも、ロマンがあっていい。

さらに浅見シリーズで注目されるポイントは、作者のユーモアのセンスが光っているということだ。ミステリーというのは殺人事件を扱う小説だから、題材およびテーマはどうしても暗くなりがちなのだが、内田氏の作品には、残酷なシーンは描かれない。微笑を誘うユーモアと、ほのぼのとした光彦の人柄の、ヒューマンな温かさが救いとなっている。

浅見が犯人と誤解されて取調べを受け、やがて警察庁刑事局長の弟という身元が判明したとたんに、それまで横柄な態度であった刑事が急に低姿勢になる。権威には極めて弱い、ある種の人間の気質が、ユーモラスに強調されたおかしさがある。

これはテレビの長寿番組だった、「水戸黄門」の「印籠」を見せるシーンで悪党たちが一斉に平伏する。ドラマは同じ場面をリピートするのだが、こうした「水戸黄門」の人気のエレメントを、内田氏は現代風にアレンジし、ユーモアをさらに加味して作品化を図っているのである。

「寅さん」および「水戸黄門」における人気の要素を、巧みに取り入れたことも、浅見シリーズの人気の一要因であり、すぐれたプロデュースがなされているのである。読者のニーズに徹底して応えるという、作者のコンセプトが、このシリーズを成功に導いたことは言うまでもない。

さらに歴史と伝説を題材にした作品、日本全国を取材し、各地を舞台とする旅情ミステリーの手法も、今の時代のトレンドにフォーカスを合わせた、作品創造なのである。

『軽井沢殺人事件』――二人の名探偵

東京の南青山で、一人の男性が交通事故で死亡する。この男性は当時悪徳商法で世間を騒がせていた、佐賀原商事の幹部社員、平山宏幸であった。平山は息を引き取る時、「ホトケのオデコ」という謎の言葉を残した。さらに「免許証の背中に隠れるように仕舞われていた」「九条亜矢子」の名刺。やがて九条亜矢子は、政界に隠然たる影響力を持つ、西藤財閥の大原賀一郎の妻、大原亜矢子の旧姓であることが判明する。

謎の言葉「ホトケのオデコ」とは何を意味するのか。また、九条亜矢子の名刺、現在の大原亜矢子と佐賀原商事は、いかなる関わりがあるのか。平山の不審な死の状況から青山署の捜査は、さらに警察上層部にあずけられることとなる。難しい事件に直面して苦慮する兄陽一郎の心中を察して、平山が死の直前に滞在していた軽井沢へ、光彦は真相を究明するために、愛車ソアラを走らせて行くのである。

一方軽井沢の、軽井沢大橋で、警視庁の公安部員が他殺死体で発見され、長野県警捜査一課の竹村警部が、この事件を担当することになる。東京、南青山と軽井沢という二つの事件は、どのような関連を持つのであろうか。『軽井沢殺人事件』では、竹村警部と浅見光彦の二人の名探偵が、軽井沢ではじめて出会うことになる。竹村警部と浅見光彦の競演という、内田氏がかねて温めていたテーマの作品化が、実現する。

二人が絡むシーンは比較的少ないのだが、エリートの家柄の次男坊であるにもかかわらず、偉ぶったところのない浅見光彦に、エリート嫌いの竹村警部は好感を持つのであった。

『軽井沢殺人事件』は、観光客で賑わう晩夏の軽井沢が舞台となっているが、作品の中では、社会的問題でもある悪徳商法と、実際にココム違反が行われようとしたのか否かという、国家機密に関わる重い問題をテーマとしているために、作品自体はむしろ沈痛なムードが漂っている。浅見光彦は事件の一切の真相を見極めているのだが、この物語の結末は、軽井沢の深い霧に包まれるように、全てを露呈させることなく、光彦は軽井沢を去って行くのである。

『軽井沢殺人事件』の舞台――旧軽井沢〜中軽井沢

軽井沢を訪れた浅見光彦が、最初に訪ねて行くのが、軽井沢駅前に建つ「茜屋珈琲店」の本店である。ここの店主、作中では草西老人が光彦の父と親交があり、草西老人の所有する旧軽井沢の山荘に、光彦は滞在するという設定になっている。

「茜屋珈琲店」は、神戸の三ノ宮でティールームのオーナーであった船越敬四郎氏が、軽井沢で開業した店である。船越氏は博識で美術に対する造詣も深く、読書好きであり、本店二階の書棚には、古典、現代の学者、作家の全集がぎっしりと並べられている。また船越氏は学者、作家、画家といった文化人が好みで、谷川徹三をはじめとする錚々たる人たちが、昭和五六年から開業の本店を訪れていた。遠藤周作や阿川弘之、細川護貞、そして内田康夫氏も、しばしば船越氏のもとを訪ねていたのであった。『軽井沢殺人事件』のトビラ裏には、「この作品を茜屋珈琲店主人故・船越敬四郎氏に捧げる」と記されている。内田氏にとって、船越敬四郎氏は人生観を変えるほどの影響を受けた、忘れ得ぬ人の一人であったと思われる。この作品に登場する草西老人は、船越敬四郎氏をモデルとして描いている。

「茜屋珈琲店」本店は、神戸大学建築学科を卒業した船越氏の設計による、落ち着いてクラシックな雰囲気を持つ、ティールームである。本店内部には、いつもバロックかクラシック音楽が低音で流れ、筆者は編集者との打ち合せ等に、よく本店を訪れている。店の対応も親切でコーヒーも美味しく、筆者の好きな軽井沢の店の一軒である。

作品中で草西老人が浅見光彦に紹介する、女流画家の「岡小夜子」は、内田康夫氏の邸宅の、隣りに別荘があった画家堀文子さんがモデルになっている。「岡小夜子」の家は、作中で「中軽井沢駅に近い、丘の上の別荘地」となっていて、国道一四六号線を北に上った右側の、よく整備された三井ノ森別荘地の中にあった。一四六号線をさらに北上すると、湯川のほとりに「ハルニレテラス」の建物があって、ティールーム、イタリアンのレストラン、お蕎麦処などの店が、年間を通じて営業している。

そこから川に沿った散歩道を歩いてゆくと左に、北原白秋の「落葉松」の詩が、自然石に銅板ではめ込まれている。大正一〇年の晩春から初夏にかけて、白秋は菊子夫人とともにこの地に滞在し、落葉松林を散策してこの名作が生まれた。この詩は大正一〇年一一月、「明星」に発表されている。この文学碑は昭和四四年六月に建てられたものである。

旧軽井沢から中軽井沢追分にかけて、美しい落葉松の林が続き、その林の中の道に、時として霧雨が降りかかる。梢を吹きすぎる風のかすかな音、静けさのなかに、さびさびとした道が続いてゆくのである。

白秋文学碑からさらに散歩道をたどって行くと、野鳥の森の手前に「ピッキオビジターセンター」がある。このセンターでは、巣の中で日中はスヤスヤと丸くなって眠っているムササビの姿が、モニターテレビの画面で写されていて、ふわふわした大きな尻尾に、くるまっているのが愛らしい。ここセンターでは、「空飛ぶムササビウォッチング」を開催している。

軽井沢では日が沈むと、街灯がなければ森の中は漆黒の闇となる。筆者の山小屋のあたりも、時折り夜行性のムササビが、四肢をお座布団のように広げて、枝から枝へ飛ぶ姿を見かけることがある。「ビジターセンター」で、筆者はムササビのポストカードを数枚買い求めた。これは今も筆者のデスクの上に置かれ、クルミの樹洞から、こちらをちょっと眺めている。

ピッキオの前の道をへだてて「村民食堂」と、「星野温泉トンボの湯」があり、その上手に「星のや軽井沢」の建物が建っている。そこから引き返して一四六号線を少し南下すると、フレンチレストラン、ティールームのある「ホテルブレストンコート」がある。その庭の木立の奥に「軽井沢高原教会」が建っている。大正一〇年八月、芸術自由教育講習会が星野で開かれ、講師は北原白秋、島崎藤村、作曲家の広田龍太郎他であった。会場は材木小屋を改造した木造りの講堂「星野遊学堂」であり、これが高原教会の前身である。

かつて外国人宣教師たちがテーブルマウンテンと呼んだ離山は、この作品中にしばしば描かれるのだが、標高一二五五・八メートル、山頂からは日本アルプスの白い峰、八ヶ岳連峰などが見渡せる。南側の斜面には「カクレ里」と呼ばれている洞窟があり、この「カクレ里」には昔、義賊が住んでいて、貧しい人々を助けたという伝説が残っている。浅見光彦は平山の言い残した、「ホトケのオデコ」が指し示す場所を探して、離山に登る。

三笠通りは、落葉松の並木が一直線に続く美しい並木道である。左手には精進場川が流れている。初夏にはエメラルドグリーンに覆われた樹々の間に、山ツツジの花が咲き、八月には白い山百合が咲く。晩秋は、落葉松の黄金色の枯れ葉が微風の中に舞い散る。三笠通りの両側は、政財界人の別荘が多い。『軽井沢殺人事件』では、大原賀一郎の別荘のある場所として、この三笠別荘地が設定されている。

初夏から秋にかけて、三笠通りを散策する人の姿をよく見かける。新緑の頃はエメラルドグリーンの樹々の葉が、陽光の中に清かで、秋は黄色、オレンジ、そしてダークな紅色に染まる紅葉の季節が続く。枯葉の舞い散ったあと、静かな雪の風景へと、季節は移りゆく。四季それぞれの彩りがあり、三笠の別荘地には軽井沢らしい、清麗な風景がある。

軽井沢では、雲ひとつなく、どこまでも澄み切った青蒼の空が広がり、空気は清々しい。時として、数メートル先が見通せない、濃密な霧に包まれる日もある。そして夜の森は、漆黒の闇に覆われる。筆者は森の小径を歩き続けていて、ふと神秘的な想いに包まれる日がある。それは知的な想念を超えた、感性の世界である。軽井沢は、ミステリアスな物語の舞台として、いかにも相応しいと言えるのかもしれない。

ミステリー作家内田康夫氏は、昭和五八年、東京、幡ヶ谷のマンションから中軽井沢の別荘地に移住。作家専業となってのち浅見光彦シリーズ、竹村警部シリーズをはじめとする、ベストセラーを相次いで発表しているのである。

『軽井沢の霧の中で』の舞台

この作品は「別冊婦人公論」に掲載された四篇の連作をまとめた短篇集である（中公文庫）。ここには各作品の舞台として、旧軽井沢の小さなホテルや軽井沢プリンスホテルの人工スキー場、夏には花火が打ち上げられる矢ヶ崎公園に近い、矢ヶ崎の別荘地。「軽井沢タリアセン」のある塩沢湖など、軽井沢を熟知している人達にとっては、各々なじみ深い場所がドメスティックサスペンスの手法で描かれている。

内田氏はこの作品の中で、「永遠の憧れを引き出す魔力のようなものが、軽井沢には秘められている」と書く。これは軽井沢の魅力を的確に言い得て、至言であると言えるのであろう。

『記憶の中の殺人』

『記憶の中の殺人』は、平成七年講談社から刊行され、同九年、講談社ノベルズとして発刊された。この作品の中では、浅見光彦ファミリー、および「軽井沢のセンセ」についての詳細な記述がある。

かつて浅見家は、軽井沢の南原に別荘を所有していた。しかし、光彦が一三歳の年に父が死去して、相続税を支払うため、この別荘は売却したのであった。それまでは毎年の夏休みを、軽井沢の別荘で過していたのだった。ところが小学校一年生の夏休み、軽井沢駅からタクシーで「南原の別荘に行って、ばあやさんの指揮のもと、大掃除をして……」、その後の記憶が、この年に限ってブッツリと空白になっていて、何も思い出せない。

光彦自身の「失われた記憶」そして、東京南麻布のマンションで殺害された、ゼット精工社長の、財田啓倍氏の事件にまつわる様々な疑惑の根源は、二七年前の軽井沢にあるらしい。光彦はこの事件に関わる謎の解明と、「軽井沢の夏の出来事の中からある時期の記憶がすっぽり欠落している」、その記憶を取りもどすために、軽井沢に向うのである。

中軽井沢で今は貸し自転車店をやっている、小学校の頃の友人、竹田峰男クンを光彦は訪ねて行く。そして峰男クンの案内で、離山の「忍者別荘」を訪ねる。離山がせまっているこの辺りは緑が濃く、「木々に埋もれるようにして、くすんだような茶色の建物があった」。「窓には鎧戸が下ろされて」いて人気はなく、「玄関先の石畳に生えた苔の厚さなどから判断すると」「夏も訪れる人がなかったらしい」。

裏庭に面した壁の鎧戸の横板が一枚壊れた窓、小学一年生の光彦は自転車のサドルに乗って、室内の光景を見、自転車が倒れ、光彦は気を失う。次の記憶の映像は病院の風景から後のことである。「落ちたショックで一時的記憶喪失に陥ったかもしれませんね。いずれ快復しますよ」と、医師が母雪江に説明し、兄の陽一郎も母も優しかった。光彦があの別荘の室内で見たものは、何であったのか。浅見は事件の全容を解き明かすとともに、失われた記憶を少しずつ甦らせてゆくのである。

なお、この作品を今後読まれる読者のために、これ以上のストーリィの詳述は控えておくのが賢明であろう。ミステリーの場合、ストーリィの展開にともなうサスペンスは読書の重要なファクターであるから——。

『記憶の中の殺人』で描かれた離山の別荘のように、軽井沢には森の中に、ひっそりと古い別荘が建っているのを見かけることがある。窓の鎧戸は閉され、何年も人の住んだ気配がなく、庭には枯葉が散り積もっている。いかにもミステリーの舞台にふさわしいロケーションであり、ミステリアスな雰囲気を感じさせる。軽井沢はロマンの創造をいざなう特別なエリアであると言えるのかも知れない。

第八章

軽井沢の文学館と美術館

軽井沢高原文庫

昭和六〇年の八月、軽井沢や追分にゆかりの深い作家たちの、文学資料館として開設された。軽井沢の駅から車で約八分ほど走った塩沢湖のほとりに建っている。

落葉松やアカシア、楡の木などが茂る小高い丘に建物はある。エントランスまでは、ゆるやかなカーブの道が続き、その両側は芝生が植えられ、白い建物とグリーンのコントラストが印象的だ。

前庭の川のほとりに、立原道造の詩碑がある。東大の後輩、磯崎新のデザインによる碑は青澄石。製図板を模した碑面には立原自筆の詩「のちのおもひに」が刻まれている。

二階の展示室には、小説家、詩人、文学者たちの直筆原稿、書簡、著書、写真、愛用した遺品などが展示されている。さらに貴重な資料約三〇〇〇点以上を収集、館蔵している。

敷地内には、堀辰雄の別荘、一四一二番が移築・公開されている。アメリカ人宣教師から買い求めたスミス山荘だ。堀辰雄の没後、画家の深沢省三・紅子夫妻がこの山荘を借りて、毎年の夏、紅子はここで草花の絵を描いていた。

平成四年から、当文学館の館長に就任していた中村真一郎の文学碑が、没後の平成一五年に、敷地内に建設された。碑面には、詩「夏野の樹」が書かれている。

北軽井沢の法政大学村に山荘があった、小説家野上弥生子の書斎兼茶室も、ここに移築されている。九九歳で死去するまで、規則正しい生活を続けながら、この書斎で執筆活動を続けた。簡素だ

「軽井沢高原文庫」軽井沢、信濃追分にゆかり深い文学者の、貴重な資料を館蔵し展示。研究者にとって得難い文学館となっている。　写真提供：軽井沢高原文庫

が、趣のある離れ屋であり、弥生子は一年の大半をここで過した。

道をはさんで反対側に、有島武郎の別荘「浄月庵」が移築されている。木造二階建ての洋館であり、堀の山荘と同じように外壁は杉皮張り、広いベランダがある。「浄月庵」は明治末から大正期の別荘のスタイルをよく残しており、堀山荘は明治期の最も古い別荘として、いずれも貴重な文化財といえよう。

初夏から夏、秋の紅葉の季節、樹々の中に建つ「高原文庫」周辺の風景は美しく、アカデミックな雰囲気のある空間になっている。来館者との心の絆を大切にしたいという、副館長大藤敏行氏の意図のもとに、軽井沢、追分の文学的伝統を伝承してゆくという、意義をもつ文学館である。

深沢紅子野の花美術館

現在の旧軽井沢銀座にあった洋館の旧郵便局は、明治四四年に建てられ外国人宣教師や、別荘に滞在する人たちの社交の場にもなっていた。堀辰雄の『ルウベンスの偽画』では「その郵便局の前には、色とりどりな服装をした西洋婦人たちがむらがっていた」と書かれている。川端康成、室生犀星、堀辰雄など、多くの作家たちが、原稿を出版社に発送するときにも訪れたこの郵便局は、現在、「軽井沢タリアセン」に移築され、「明治四十四年館」と呼ばれている。外壁は明るいグリーンで、窓枠は白。一階には軽井沢関係の本や、深沢紅子の絵はがきなどが並ぶミュージアムショップと、「十四行詩《ソネット》」という立原道造の作品にちなんだ名前の、レストランがある。

洋館の二階は「深沢紅子野の花美術館」になっている。深沢紅子は津村信夫、立原道造、野村英夫、堀辰雄など軽井沢にゆかりのある詩人たちと親交のあった女流画家であった。特に立原道造とは良き友人として、彼の死まで交流が続いた。

紅子は津村信夫の詩集の装丁やカット、さらに堀辰雄の多くの単行本に挿絵を描いている。紅子の絵は、夫・深沢省三のダイナミックな画風とは対照的に、温かい人柄を思わせるリリシズムにあふれたものが多い。オオマツヨイグサ、ナデシコ、ホタルブクロ、ワスレナグサなど、野の花を柔らかくデリケートなタッチで描いている。

アントニン・レイモンドの「夏の家」を、軽井沢タリアセン内にある塩沢湖のほとりに移築し、フランスの画家レイモン・ペイネの美術館として公開している。　写真提供：軽井沢高原文庫

ペイネ美術館

「明治四十四年館」を出て、遊歩道を右へ歩いて行くと、チョコレート色の建物が見えてくる。

昭和八年（一九三三年）に建築家アントニン・レイモンドが軽井沢南ヶ丘に、別荘兼スタジオとして造った「夏の家」だ。レイモンドは聖パウロカトリック教会の設計者でもある。昭和六〇年に「軽井沢タリアセン」へ移築され、ペイネ美術館として甦った。

建物は、日本の伝統的木造民家の様式を巧みに使った見事なデザインである。横に広いガラスの引き戸、丸太の柱、二階へ続くゆるやかなスロープ。さらに木目を生かした室内の壁など、至るところにモダンな意匠が残されている。

パリに生まれたレイモン・ペイネは、愛と平和をモチーフに描き続けてきた画家だ。ヴァランスの町にある小さな野外音楽堂で、貧しいバイオリニストの青年と、その恋人の姿に魅せられ、有名な「ペイネの恋人たち」シリーズを描きはじめた。

明るいブルーの空、白い鳩、ピンクの薔薇、教会と小さな天使、そして、つつましい恋人たち。ペイネの絵にはポエジーの世界がある。ユーモアやエスプリもペイネ作品の魅力であり、この絵に出会うため美術館を訪れる人は多い。

一階の広いリビング・キッチンと二階のドローイングコーナーに、油彩・水彩・ペン画・リトグラフなど約二〇〇点が展示されている。

軽井沢絵本の森美術館

「軽井沢タリアセン」の中央ゲートを出て右へ、アスファルトの道を上がってゆくと、左側に美術館の入口がある。太い木材を使った山小屋風の第一展示室では、絵本の原画を展示し、英米児童文学研究関連の資料が収められている。ヨーロッパの城を小さくしたような、塔《トウルム》と名づけられた第二展示室、さらに図書館、ミュージアムショップなどが森の中に点在している。

イギリスの自然を、優しいパステルカラーで描いたバーナデット・ワッツの原画。大胆な画面構成と線描の美しい、アーサー・ラッカムの「グリム童話集」。東洋的な神秘性を感じさせるエロール・ル・カインの「キューピットとプシケー」「雪の女王」「いばらひめ」など、すぐれたイラストレーションの原画と絵本を展示している。

ミュージアムショップに立ち寄り、好きな絵本を買い求めたら、樹々に囲まれたティールームで絵本を開いてみるのもいい。秋から冬にかけて軽井沢の静けさは、メルヘンとファンタジーの世界にふさわしい雰囲気がある。当美術館の周囲は、ガーデンデザイナーのポール・スミザーが作庭した「ピクチャレスク・ガーデン」(絵のように美しい庭)があり、憩いの庭園になっている。草木の間にゼラニューム、シャクヤク、おみなえしなどの花々が彩りを添える。

エルツおもちゃ博物館(軽井沢)

ムーゼの森(ギリシャ神話で、芸術、音楽、学術、哲学など、知的活動を司る九人の女神が宿る森)、と名付けられた、二万平方メートルの広大なエリアには「軽井沢絵本の森美術館」と、向い側に「エルツおもちゃ博物館(軽井沢)」が建っている。平成一〇年に博物館が開館し、同一二年、展示館が開館している。

旧東ドイツのエルツ地方は、チェコと国境をへだてた山岳地帯にある。約三〇〇年前に、村民の生活の知恵から造り出された、木工手工芸のおもちゃたちは、菩提樹やブナなどの木を使って、一品ごとに丹念に制作され、木の持つ温かな素朴感と、繊細な手工芸の、芸術品として世界中で高く評価されてきた。

「グリム童話」などをモチーフにした、物語性のある木のおもちゃ、「くるみ割り人形」、「天使のローソクたて」「ミニチュア人形」などが、展示館やミュージアムショップに並べられ、マイスターたちによって継承されてきた手工芸品を眺める、楽しさを感じさせてくれる。

「エルツおもちゃ博物館（軽井沢）」の内部には、「森の生活館（ブリューテ）」があって、花をテーマにしたグッズ、ローズやラベンダーのポプリ、テーブルセンター、花のデザインのカードなどが購入できる。そしてカジュアルなレストラン「ルーエ」は、憩いのひと時を過すのにふさわしい、天然のソフトドリンク、オリジナルティーや、ブレンドコーヒー他のあるガーデンレストランになっている。

森の樹々の中に建つミュージアムには、快いゆったりとした時間が流れ、ロマンにみちた、メルヘンの世界に包まれる、素敵なスポットの一つと言えるであろう。

セゾン現代美術館

中軽井沢の町から国道一四六号（千ヶ滝通り）を北へ上り、バス停を左へ入って行くと、左側に美術館の門がある。

三三〇〇〇平方メートルの広い敷地は、グリーンの芝生におおわれ、千ヶ滝を源とする清流がサーッという水音を立てて流れている。濃い緑の樹々にかこまれた庭は、秋になると紅色の楓や黄金色の落葉松が彩る。所々ベンチも置かれていて、暖かな日など、本を読んでいる人の姿を見かけることもある。

浅間山の山頂と一直線に結ぶ地点に、安田侃《やすだかん》の「天沐・天聖」という作品があり、対になった白い大理石の彫刻が印象的だ。

ゆるやかなスロープを上ると、切妻屋根の美術館が建っていて、中央にエントランスホール、その奥にミュージアムショップがある。

この美術館のコレクションで注目するのは、幻想的なイメージを描くパウル・クレー、幾何学的構成のカンディンスキー、象徴的な月を描くマックス・エルンストの作品などであろう。

特に「ランド・アート」を試みた、クリストの「アンブレラ・プロジェクト」のドローイングがいい。濃いブルーや、あざやかな黄色で描かれた「アンブレラ」の一群は、クリストの独創的な美意識が色彩によって表現されている。

ル・ヴァン美術館

中軽井沢の駅から南へ、鳥井原を下った所に、平成九年「ル・ヴァン美術館」がオープンした。文化学院軽井沢寮の敷地に、学院創立当時の建物と庭が再現され、美術館として一般に公開されている。この建物は、創立者の西村伊作が英国のコテージ風に設計した、温かな雰囲気の木造建築だ。白い壁に木の窓枠、庭園にはラベンダー、バラ、松虫草、ヤナギランなどの花が咲く。高原の山荘を訪れるような、快いたたずまいを感じさせる。

美術館では、多才であった西村伊作の油彩画や陶芸品を展示している。芸術教育への夢を語り合ったという与謝野寛、晶子夫妻の肖像画も展示品として見ることができる。油彩や写真を見るだけではなく、卓越した設計の建物と、庭に咲くローズマリーの花などを眺めてひと時を過ごす、安らぎのある美術館である。

脇田美術館

軽井沢の駅から、旧軽井沢の方へ歩き、左に曲って行った森の中に「脇田美術館」がある。館内には静かに音楽が流れ、お洒落でセンスのいい空間を作り出している。幾度となく、筆者はこの美術館を訪れているが、来館者の多い夏のシーズンを避けて、枯葉の散る秋の日、静けさをいとしむように、好きな絵と出会うために訪れたいと思う。

脇田和はベルリン国立美術学校で学んだ二十数年後、半年間のパリ滞在、ニューヨークでの一時居住などを経て洗練された画風を確立する。日本の洋画家の中でも秀抜な色彩感覚と一種の音楽性の表現を身につけている画家である。

さらに脇田和の絵から感じられるユーモアのある描写は、見る者の心を優しく包むような、慰めに導く。

氏の作品には、どぎつさや誇張というものがない。知性と教養の深さを背景にした優美な品のよさがある。鳥、木の葉、窓、猫などをマテリアルとして、魅惑的な作品を創り出している。

油彩「瓶」での渋い赤、「画家は毎日シャツを取り替える」に見られるブルー、画面中央の白いシャツの中に描かれた小さな顔など、ユーモアのセンスが感じられる。「燃える楽譜」のダークな色調もいい。さらに「帰って来た楽譜」に見られる淡いグレイと白、線描で描いたギターは、詩と音楽の旋律をイメージさせるような画面構成である。

美術館の中庭をはさんで、吉村順三が設計した木造のアトリエ山荘があり、その二階の画室では、かつての故脇田和の制作が続けられていたのであった。中庭には、辛夷の木が植えられ、白い花が咲きはじめると、軽井沢の春が始まると言う。辛夷は作家堀辰雄の好きな花でもあった。

エピローグ　訪れる人の心を魅了する軽井沢の風景

長野新幹線が開通して以来、四季を通して軽井沢を訪れる観光客は、年々多くなっている。

かつて軽井沢は英国国教会の宣教師A・C・ショーと、帝国大学の英語教師ジェームス・メイン・ディクソンによって、日本に滞在する外国人の夏の避暑地として発見された。宣教師たちの山荘につづいて日本人の別荘が建てられ、軽井沢は国際的避暑地として知られることになる。現在も軽井沢では、歓楽街というものがない。宣教師たちが滞留していた頃の、ピューリタニズムが今も残されているからである。森の中にはショー記念礼拝堂をはじめとして、ユニオン・チャーチ、聖パウロ教会他、多くの教会の建つ、軽井沢は聖なる地といえるのであろう。

ショー師とディクソン先生がこの地を避暑地として選定したのは、軽井沢の風景がヨーロッパの郊外に似ていたからであろう。日本国内の数有る観光地のなかで、旧軽井沢はエキゾティックな風景につつまれた高原の街であり、信濃追分は、宿場町の面影をひめやかに残す静かな村である。

近年、軽井沢はその避暑地として、夏期のみ賑わいを見せていた様相が大きく変化し、厳寒となる二月以外は、春、夏、秋、冬と、ほとんどの季節に来軽する観光客は増加している。

以前の軽井沢は、九月の半ばをすぎると各々の別荘は扉を閉し、出店していた店々も引き上げて行き、急にひっそりとして行き交う人影も少なくなってゆく。夏の喧騒がすぎ去ったあとの、寂寥を感じたものであった。

近年の軽井沢は春の訪れとともに、来軽する人達の姿が増えはじめ、夏のハイシーズンはホテルや旅館も満室となり、旧軽井沢銀座やアウトレットのショッピングプラザなどは、人波で大変に混雑するといった状況になる。観光バスで来軽する人も多くなり、秋から冬まで観光客の姿は絶えない。

辛夷の清楚な花が咲きはじめると、軽井沢には春の季節がはじまる。淡々しいピンクの桜が咲き、すみれや、さくら草、タンポポなどの花々が森の小径に咲き乱れているのを見かける。また、エメラルドグリーンの新緑の季節は、落葉松の並木道が美しい。緑は次第に濃さを加え、透明な深い蒼空が別荘地と森の上に広がり、季節はやがて黄金色の枯葉を散らす秋へ移行してゆく。秋のかそけさ、梢を吹きすぎる風の音。そして白い世界に変貌する冬の静寂。しんしんと降る雪の風景は幻想的でもある。

避暑地として発見されて以来、軽井沢には現在までその時代ごとの歴史と伝統が育まれて来た。さらに軽井沢には数多くの文学者が訪れ、滞在し、別荘を持ち執筆活動を続けた、国内でも稀少な文学的風土がある。森の中には清冽な川が流れ、空気の爽やかさ、ヨーロッパ的な四季折々のエキゾティシズム、霧の流れる神秘的な風景、そして静けさ。軽井沢を訪れた文学者たちは、そうした風景に魅せられ、イメージを喚起させたのであろう。

軽井沢には、芸術的な創造をうながす風土というものが存在している。この地を訪れた作家、詩人、評論家といった人々に、忘れ得ぬ印象を残し、やがて各々の創作へと立ち向かわせるのである。純文学のジャンルにおいて、近現代の文芸史上、錚々たる文学者の多くが、軽井沢を舞台とした名作を残しているのだ。そして、純文学のみならず、近年、圧倒的に読者層を広げているミステリーの作家と作品について、本書では論述することにした。

軽井沢の森の中の風景は、どこか神秘的な雰囲気があり、霧の流れる日は幻想的でもあり、ミステリアスなロマンを思わせるものがある。推理小説の舞台として、最適のシチュエーションを想起させるのであろう。


本書では歴史的な様々の事象について、ノンフィクション作家の故桐山秀樹が詳細な執筆を行っている。軽井沢に在住していて、見えて来る歴史の変遷であり、伝統の姿である。

軽井沢ゆかりの文学者については、筆者吉村が担当した。学生時代から信州は筆者にとって憧憬の地であった。親友と女性二人旅で何度、訪れたことであろう。上高地には一二回余り来ていたことになる。神戸と芦屋の山の手に生れ育った筆者が、当時は軽井沢の山荘に一年の三分の一は住むことになるとは想像だにしてはいなかった。しかし軽井沢を取材し、文学者とその名作について執筆したことが契機となり、この地との深い縁が結ばれた。筆者にとっても、軽井沢は第二のネイティブ・プレイスとして、愛すべき心の郷《さと》となっている。

本書の出版にあたり、「軽井沢高原文庫」の副館長・大藤敏行氏から、研究資料および貴重な写真等のご提供をいただいた。常に変わらぬ懇切な配慮をしていただいたことに厚く御礼申し上げる。また、写真を快くご提供くださった万平ホテル、万来舎社長藤本敏雄氏、編集部の大石直孝氏にもご親切な助力をしていただいた。

そして、いつも変わらず、付き添い、編集の労をとってくださる今井章博氏やお世話になった方々に心から感謝の辞を捧げておきたい。

吉村祐美

著者紹介

桐山秀樹（きりやま・ひでき）

1954年愛知県名古屋市生まれ。学習院大学法学部政治学科卒業。1978年に「正論」（産経新聞社）にて「私の正論大賞」受賞。著書に『第二の人生 いい処見つけた』『プリンスの墓標』（ともに新潮社）、『海外旅行の達人』（PHP研究所）、吉村祐美との共著、『糖質制限ダイエット』（世界文化社）、『太る生き方 太らない生き方』（実業之日本社）、『愉しく続ける糖質制限ダイエット』（新潮文庫）など。2016年2月6日急死。

吉村祐美（よしむら・ゆみ）

兵庫県神戸市山の手生まれ。関西学院大学文学部日本文学科卒業、同大学院修士課程修了。著書に文芸評論、音楽、美術のエッセイ集『魅せられし時のために』（神戸新聞出版センター、関西文学賞・評論エッセイ部門入賞）、『やがて薔薇咲く季節に』（扶桑社）、『国語力をつける法』『古典力をつける法』（ともにPHP研究所）、『新・軽井沢文学散歩—文学者たちの軽井沢』（軽井沢新聞社）、桐山秀樹との共著、『軽井沢ものがたり』（新潮社）、クラシック音楽評論『クラシック名曲と恋』（NHK出版）など。近著に『吉村祐美第2エッセイ集 高原の街 軽井沢　異人館のある街 神戸』、近刊『吉村祐美第3エッセイ集 名作のある風景』（万来舎）。

軽井沢の歴史と文学

2017年 10月28日　初版第1刷発行

著者　　桐山秀樹＋吉村祐美

発行者　藤本敏雄

発行所　有限会社万来舎
〒102-0072
東京都千代田区飯田橋2-1-4
九段セントラルビル803
Tel:03-5212-4455
E-Mail:letters@banraisha.co.jp

印刷所　株式会社シナノ

ISBN978-4-908493-17-1